Im Gedenken an all jene,
die Grenzen
überschritten haben
und weiterhin
überschreiten werden!

Franz Eckert – Li Mirok – Yun Isang

Botschafter fremder Kulturen
Deutschland – Korea

羅蜜多心經觀自在菩薩行深般若波羅蜜多時照見五蘊皆空度一切苦厄舍利子色不異空空不異色色即是空空即是色受想行識亦復如是舍利子是諸法空相不生不滅不垢不淨不增不減是故空中無色無受想行識無眼耳鼻舌身意無色聲香味觸法無眼界乃至無意識界無無明亦無無明盡乃至無老死亦無老死盡無苦集滅道無智亦無得以無所得故菩提薩埵依般若波羅蜜多故心無罣礙無罣礙故無有恐怖遠離顛倒夢想究竟涅槃三世諸佛依般若波羅蜜多故得阿耨多羅三藐三菩提故知般若波羅蜜多是大神咒是大明咒是無上咒是無等等咒能除一切苦真實不虛故說般若波羅蜜多咒即說咒曰揭帝揭帝波羅揭帝波羅僧揭帝菩提薩婆訶

般若波羅蜜多心經

觀自在菩薩，行深般若波羅蜜多時，照見五蘊皆空，度一切苦厄。舍利子，色不異空，空不異色，色即是空，空即是色，受想行識，亦復如是。舍利子，是諸法空相，不生不滅，不垢不淨，不增不減。是故空中無色，無受想行識，無眼耳鼻舌身意，無色聲香味觸法，無眼界，乃至無意識界，無無明，亦無無明盡，乃至無老死，亦無老死盡，無苦集滅道，無智亦無得。以無所得故，菩提薩埵，依般若波羅蜜多故，心無罣礙，無罣礙故，無有恐怖，遠離顛倒夢想，究竟涅槃。三世諸佛，依般若波羅蜜多故，得阿耨多羅三藐三菩提。故知般若波羅蜜多，是大神咒，是大明咒，是無上咒，是無等等咒，能除一切苦，真實不虛。故說般若波羅蜜多咒，即說咒曰：揭諦揭諦，波羅揭諦，波羅僧揭諦，菩提薩婆訶。

Franz Eckert – Li Mirok – Yun Isang

Botschafter fremder Kulturen
Deutschland – Korea

REGARDEUR III

Inhalt

Grußwort Hartmut Koschyk 12
Vorwort Martin H. Schmidt 14

Der (Grab-)Stein des Anstoßes – eine Projektbeschreibung
Martin H. Schmidt 17

Anmerkungen zum Grabstein von Franz Eckert
Jörg A. Kuhn 37

Zwei Entwürfe zu dem neuen Grabmedaillon von Franz Eckert
Martin H. Schmidt 43

Yin Feng Shui – Die Energie der Erde und ihre Wirkung auf
den Menschen
Gefion Wolf 47

Franz Eckert – Versuch einer koreanischen Nationalhymne
Hans-Alexander Kneider 57

Vermittler einer fremden Welt: Der deutsch-koreanische
Schriftsteller Mirok Li
Hee Seok Park 67

Yun Isang: Über (die) Grenze(n)
Walter-Wolfgang Sparrer 77

Leere Schale
Moon Suk 84

Sides feud over 'God's land' in Seoul
Sang-Hun Choe 87

Zusammenfassung der Texte auf Japanisch 92
Übersetzung der Texte auf Koreanisch 96

Abbildungsnachweis 117
Die Autoren 118
Impressum 119

Grußwort

Deutschland und Korea sind seit langem freundschaftlich verbunden. Im Jahr 2008 wurde der 125sten Jahrestag der Aufnahme offizieller diplomatischer Beziehungen zwischen Deutschland und Korea durch den am 26. November 1883 unterzeichneten ersten Handels-, Freundschafts- und Schifffahrtsvertrag begangen, der den offiziellen Beginn regierungsamtlicher deutsch-koreanischer Zusammenarbeit darstellt. Schon viel früher gab es aber intensive Beziehungen zwischen Korea und Deutschland.

Zu Anfang waren die offiziellen Beziehungen eher auf das wirtschaftliche Gebiet beschränkt. Sehr bald haben sie sich aber auch auf die kulturelle Ebene ausgeweitet. Heute umfassen unsere Beziehungen alle Bereiche der modernen Staatenzusammenarbeit. Dabei sind diese Beziehungen geprägt durch das große Interesse der Koreaner an der deutschen Kultur und Sprache, wofür die vielen koreanischen Studenten ein Beweis sind, die ihre Ausbildung in Deutschland suchen.

Aus den anfänglichen Handelsbeziehungen hat sich bis heute ein umfangreiches, alle Bereiche der Staatenzusammenarbeit umfassendes Beziehungsgeflecht entwickelt, das auch zur Vertiefung der menschlichen Beziehungen in beiden Völkern führte.

Der königlich preußische Musikdirektor Franz Eckert hat die intensiven deutsch-koreanischen Kulturbeziehungen in ihrer frühen Phase maßgeblich geprägt. Zweifelsohne hat er den Grundstein für die große Bewunderung deutscher Komponisten und ihrer Werke in Korea gelegt. Umso mehr freut es mich, dass sich diese Veröffentlichung dem Leben und Wirken Franz Eckerts widmet.

Leider herrscht ein großes Ungleichgewicht in den deutsch-koreanischen Beziehungen. Das Interesse der Koreaner an der deutschen Sprache und Kultur und ihr Wissen über Deutschland und seine Geschichte insgesamt waren immer und sind heute noch weit größer als das Wissen der Deutschen über Korea. Es bleibt zu hoffen, dass es gelingt, in Deutschland ein stärkeres Interesse an der Jahrtausende alten faszinierenden Kultur der Koreaner zu wecken.

Doch auch die vorliegende Publikation wird sicher ihren Beitrag zu diesem Ziel leisten. Ich wünsche mir noch zahlreiche derartige Initiativen, um ein faszinierendes Land mit einer beachtenswerten Kultur stärker ins Bewusstsein der Menschen in Deutschland zu rücken.

Ihr

Hartmut Koschyk MdB

Vorsitzender der Deutsch-Koreanischen Parlamentariergruppe
Präsident der Deutsch-Koreanischen Gesellschaft

Vorwort

Als ich mich im Herbst 2003 in Korea nach monumentalen Bronzegüssen deutscher Bildhauer umschaute, wurde ich nicht fündig, obwohl eine Vielzahl von Skulpturen als "Kunst am Bau" das Straßenbild der koreanischen Städte möbliert. Schließlich, auf dem Ausländerfriedhof von Seoul, weckte der Grabstein des preußischen Musikdirektors Franz Eckert mein Interesse und die offensichtliche Beschädigung der Grabstele ließ mich aktiv werden, d.h. die Wiederherstellung des Grabsteins in Angriff nehmen.

Mit dieser Publikation und der Restaurierung des Grabsteins von Franz Eckert setze ich einen Lichtkegel auf die Beziehungen zwischen Deutschland und Korea am Beispiel einzelner Biografien.

Franz Eckerts musikalische Pioniertätigkeit in und für Korea bildet den *deutsch-asiatischen* Brückenpfeiler, dessen Gegenstück, den *koreanisch-deutschen*, fand ich in den nach Deutschland emigrierten Künstlern Li Mirok (Zoologe und Literat) und Yun Isang (Komponist).

Das Eckertsche Grab besteht aus einem in Deutschland *Anfang* des 20. Jahrhunderts gefertigten Granit; das Grab von Li Mirok ziert eine in Korea *Ende* des 20. Jahrhunderts gefertigte traditionelle Grabsteinanlage mit wortreichen Inschriften, die offensichtlich die Gesetzmäßigkeiten des Yin-Feng Shui berücksichtigt. Yun Isangs Grab markiert eine schlichte aufrechtstehende Steinplatte.

Der heiklen politischen Situationen bin ich mir bewußt, die sowohl das Wirken und Leben von Franz Eckert während der japanischen Besatzungszeit in Korea für eine unkritische Betrachtungsweise in sich trägt, ebenso, wie die politische Aktivität Yun Isangs, der sich der Wiedervereinigung Koreas unter Einsatz seines Lebens verschrieb; Li Mirok musste – um Schaden für sein Leben und das seiner Familie abzuwenden – aufgrund seiner Tätigkeit im Widerstand gegen die japanischen Besatzer aus Korea fliehen.

Dennoch nehme ich dieses Heft in meine Schriftenreihe auf, auch in der Hoffnung, eine weitere Anregung geben zu können, zu weitergehenden, vertiefenden und klärenden Forschungen zum musikalisch-kulturellen Austausch Deutschlands mit Korea und Japan. Ein Symposium anläßlich des 100sten Todestages Eckerts im Jahre 2016, veranstaltet in Berlin, Seoul oder Tokio wäre, neben der Wiederherstellung der Grabstele, ein weiteres Ziel.

Die wissenschaftlichen Autoren dieses Heftes leisten bereits heute ihren Beitrag dazu; die in Berlin lebende koreanische Künstlerin Moon Suk gibt uns das Bild der *Leeren Schale* als Gleichnis, der koreanische Journalist Choe spiegelt tagesaktuelles Geschehen. Die Herren Kneider, Park und Sparrer bringen ihr immenses Fachwissen ein, Frau Wolf gibt Einblicke in traditionelle asiatische Begräbnisriten.

Martin H. Schmidt
Oberursel und Seoul, Mai 2008

Der (Grab-)Stein des Anstoßes – eine Projektbeschreibung

Martin H. Schmidt

Friedhof und Grabstätte

Der Foreigners Cemetery Yanghwajin (Map'o-gu Hapchong-dong) in der süd-koreanischen Hauptstadt Seoul, ist auf einem kleinen Hügel am Ufer des Han-Flusses noch deutlich im Zentrum der weit ausufernden 14-Millionen-Metropole gelegen. Doch es ist kein idyllisches Plätzchen. Der Eingang zum Friedhof befindet sich gegenüber einer Eisenbahnhochtrasse, mehrspurige Autostraßen geben deutlich die räumlichen Grenzen des Gräberfeldes an. Seit gut 150 Jahren finden europäische Missionare und Christen auf diesem Gottesacker ihre letzte Ruhestätte. Die Grabstätten sind wenig gepflegt, neuere Grabstätten nicht zu sehen. Die senkrecht in die Höhe ragenden Steine und die darauf oft nur noch schwach zu lesenden Schriftzüge verweisen auf die hier bestatteten Personen. Es herrscht die bedrückende Atmosphäre eines aufgelassenen Friedhofes, mit einer ungemütlichen Mischung zwischen pietätvoller Ruhe und touristischer Attraktion.

Einer der hier bestatteten, weitab von der Heimat, ist Franz Eckert, seines Zeichens Königlich. Preußischer Musikdirektor. Er verbrachte die erste Hälfte seines Lebens im deutschen Kaiserreich, die andere Hälfte lebte und arbeitete er in Asien, in den Hauptstädten und an den Kaiserhöfen von Japan und Korea, für beide Kaiserhöfe komponierte er die jeweils erste Nationalhymne.

Die nach Osten ausgerichtete Grabstätte Eckerts wird auch heute noch von einer einfachen Granitstele auf einem grob bossierten Sandsteinsockel bezeichnet. Sich konisch nach oben verjüngend, trägt die Schauseite das Bas-Relief eines stilisierten Kreuzes, dessen Kreuzungspunkt ursprünglich ein kreisrunder, wohl bronzener Bildschmuck zierte, flankiert wird das Kreuzrelief von je einem 5-strahligen Stern. Unterhalb ist folgender deutschsprachiger Text auf diesem koreanischen Friedhof zu lesen: "Hier ruht in Gott / HERR FRANZ ECKERT / Kgl. preuss. Musikdirektor / geb. den 5. April 1852 / gest. 5. August 1916 / R.I.P."

Vor gut fünf Jahrzehnten, zur Zeit des Koreakrieges, ist der zentrale Bildschmuck der Grabstele aus dem Stein heraus gebrochen worden und seit dieser Zeit verlustig. Als mögliche Täter werden Souvenir suchende japanische Soldaten genannt, an einen Raub aus niederen bereichernden Gründen mag und kann man angesichts des geringen Materialwertes des Bronzeschmuckes nicht denken.

Zwischenzeitlich wurde behelfsmäßig eine weißliche Paste in die freigelegte Vertiefung des Steins eingebracht. Mit dem Resultat, dass das Fehlen des ursprünglichen Schmuckes heute nur um so stärker auffällt. Zwar ist kein historisches Bildmaterial überliefert, dass das Aussehen der Grabstele mit dem Stelenschmuck eindeutig erkennbar dokumentiert, doch konnten mehrere Porträtbildnisse des Komponisten aufgefunden und Gespräche mit Nachfahren des Verstorbenen dahingehend ausgewertet werden, dass jetzt über das Aussehen der Stele Übereinstimmung herrscht.

Korea, das Land der Morgenfrische

"Wenn man keine Schlacht gegen die Invasion der Barbaren aus dem Westen schlägt und wenn man sich auf Friedensverhandlungen einlässt, so ist dies gleichbedeutend mit dem Ausverkauf des Landes. Unsere Nachkommenschaft wird für immer ermahnt. Geschrieben und errichtet im Jahre des Tigers und im Monat der Ziege." (Museum der Yang Hwa Jin Kirche, Seoul) Gut 100 Monumente mit dieser Inschriften ließ die koreanische Regierung im Jahre 1866 errichten. Sie sind steinerne Zeugen der eigenen Ohnmacht und des großen Misstrauens der koreanischen Regierung gegenüber den westlichen Mächten und Mahnmale an die eigene Bevölkerung, keinen Kontakt zu den Barbaren aufzunehmen.

Korea liegt als Halbinsel zwischen China und Japan und bildete damit seit Urzeiten die Brücke für jede Art von Austausch zwischen dem Reich der Mitte und der Insel Japan, kulturellen wie merkantilen. Die Gesamtfläche Koreas beträgt ca. 220.000 qm, was ungefähr einer Größe der alten Bundesländer Deutschlands entspricht. Die natürliche Grenze im Norden zu China bildeten seit Gründung des Reiches die Flüsse Ablog, Yalu und Tuman, sowie die Bergkette Pektu. Im äußersten Nordosten grenzt Korea an russisches Gebiet, nahe Wladiwostok. Die Beziehungen zu China basierten auf Tributleistungen seitens der Koreaner bei Duldung und Respektierung der gemeinsamen Grenzen; China wurde von den Koreanern als "Großer Bruder" bezeichnet. Dadurch war ein friedliches nebeneinander beider souveräner Staaten gewährleistet, trotz der im Vergleich territorial eher bescheiden zu nennenden Größe Koreas. Die koreanischen Könige erhielten ihre Investitur in Form eines Siegels, das beim Verkehr mit China zu benutzen war und den chinesischen Kalender zum Datieren der offiziellen

Dokumente. Das Tributsystem belastete zwar die koreanische Wirtschaft, nützte aber der eigenen kulturellen Entwicklung, zudem waren grundsätzlich Gegengeschenke seitens der Chinesen vereinbart, wodurch ein grenzüberschreitender Güterverkehr zwischen China und Korea entstand, der z.B. im Jahr 1787 auf drei Tonnen Silber beziffert wurde. Eine Summe, die für die chinesische Seite nicht unbedingt gewinnbringend gewesen sein dürfte, die aber angesichts der Tatsache, dass sie den Frieden an dieser Grenze Chinas sicherte, eine gute Investition darstellte. Die offiziellen Begegnungen zwischen Korea und China fanden in Peking statt, so war Peking auch der Ort an dem die angehörigen der koreanischen Gesandtschaft seit dem 17. Jahrhundert mit der Welt Europas in Berührung kamen.

In das Reich der Morgenfrische verirrten sich nur selten Europäer. Zwei Begebenheiten seien stellvertretend herausge-griffen: Im Jahr 1653 strandete der niederländische Handelskapitän Hendrick Hamel mit seiner Mannschaft nach einem Sturm auf der größten und südlichsten Insel Koreas, Cheju. 13 Jahre lebte er dort, eine Zeit, die ihm wie eine Gefangenschaft verkam, beschrieb er doch in seinem Reise-bericht, der in mehrere europäische Sprachen übersetzt wurde, die Abreise, die ihm schließlich über Japan gelang, als "Flucht". So wurde das ferne Land in Europa durch die Feder eines Schiffbrüchigen bekannt, der die Koreaner als hochnäsig und desinteressiert am Schicksal anderer beschrieb.

Von Peking aus wirkte auch die Katholische Kirche auf Korea ein. Noch vor 1800 kam der erste ordinierte Priester, ein Chinese, nach Korea, ihm folgten ab 1835 weitere Priester. Besonders schien die Koreaner an der christlichen Religion der Gedanke fasziniert zu haben, dass alle Kinder Gottes gleich zu behandeln seien. Im Jahr 1860 soll es etwa 17000 Katholiken in Korea gegeben haben. Doch wurde das Christentum von Seiten der koreanischen Regierung unterdrückt und verfolgt. Koreanischen Gelehrten erschien der Gedanke, Jesus Christus sei Gottes Sohn geradezu blasphemisch, zudem gab es keine Rechtfertigung des Christentums in der konfuzianisch ausgelegten Geschichte des Landes und der Bruch mit der Ahnenverehrung war aus konfuzianischer Sicht nicht tragbar. In einem koreanischen Schulbuch das kurz vor der Jahrhundertwende erschien wird die offizielle Haltung wie folgt dargestellt: "Nach Ansicht der neueren Generation ist die sogenannte Christliche Religion der Europäer gemein, oberflächlich und irrig, und ist ein Beispiel der Verdorbenheit barbarischer Sitten, das nicht werth ist, ernstlich erörtert zu werden."

Dennoch ließ sich das Vordringen der christlichen Religion in Korea nicht unterdrücken, zu stark waren die Einflüsse von außen und zu stark die innere Zerrissenheit des Landes und seiner Führung zu spüren. Ende des 19. Jahrhunderts war Korea eine Monarchie, Choson hieß das Land und wurde seit fünf Jahrhunderten von der Yi-Dynastie regiert.

Jahrhundertelange Vetternwirtschaft und eine hohe Korruption unter den führenden Beamten schadeten dem Staat und fanden keinen Rückhalt in der Bevölkerung. Besonders die Bauern, die die schwerste Last trugen, suchten sich aus Knechtschaft und Ausbeutung durch wiederholte Aufstände im 19. Jahrhundert zu befreien. Zu der inneren Spannung kamen gezielte Angriffe von Seiten der europäischen Mächte und Amerikas, diese nannten ihre kriegerischen Aufmärsche vor den Häfen Koreas lapidar "Forderungen nach dem Abschluß eines Freundschafts- und Handelsvertrages."

Ein Schurkenstück besonderer Art aber leistete sich ein deutscher, in Shanghai lebender, Kaufmann. Die Öffnung des koreanischen Marktes für den Westen wollte Ernst Jacob Oppert zwischen 1866 und 1868 mehrfach mit eigenen Händen, in Piratenmanier, erzwingen. Oppert war genauestens mit der Kultur und den Bräuchen der Asiaten bekannt. Schließlich entwickelte er den Plan, Yi Haeung, den regierungsführenden Vater ("Heungson Daeweongung" genannt) des erst elfjährigen Königs Gojong durch die Schändung des Grabes seines Vaters zu rauben, um damit Geldzahlungen zu erpressen und, um einen Faustpfand für anstehende Verhandlungen sicher zu haben. Am Grabhügel angelangt, musste er unverrichteter Dinge zurückkehren, die Equipe hatte kein ausreichendes Werkzeug eingepackt, um die steinernen Wände des Grabes zu öffnen. Der heimtückische Anschlag auf das Grab schlug fehl und bestätigte die Vorbehalte Chosons gegen den Westen, was zu einer Verstärkung der Politik der inneren Isolation führte.

Vollständig anders waren die Beziehungen zwischen Korea und Japan geprägt. Sie bestand in permanenter Anspannung und Verteidigungsbereitschaft seitens der Koreaner. Der nach Expansion strebende Inselstaat Japan sah Korea lediglich als Brückenkopf für weitere Feldzüge Richtung Festland an und versuchte wiederholt und immer wieder mit Erfolg das koreanische Gebiet zu annektieren und das Volk zu unterdrücken, was 1910 auch zu gelingen schien.

Japan war bereits im Jahre 1854 zur Öffnung des Landes durch die USA gezwungen worden. Die Meiji-Regierung (1868-1912) führte ab 1868 schnelle und entschlossene Entscheidungen durch, die eigene Staatsordnung nach westlichem Muster neu zu formen. Im Zuge dessen wurde das Shogunat abgesetzt und der Kaiser wieder als zentrale und unabhängige Autorität eingesetzt. Ausländische Experten rief man ins Land, wobei die Schaffung eines neuen Erziehungssystems, die Reformierung des Militärwesens und die Industrialisierung des Landes im Vordergrund der Bemühungen standen.

Mit der tatkräftigen Unterstützung des Westens konnte sich Japan innerhalb kürzester Zeit zu einer stabilen Nation entwickeln. Dabei, und nicht allein durch die Befriedung der Clananwärterschaften auf den Führungsanspruch im Land, war der Blick der japanischen Führung wieder nach Außen und auf Expansion gerichtet. Die zeitliche Schnelligkeit und Rigorosität, mit der in Japan die Reformen umgesetzt wurden, wurden dem koreanischen Nachbarn zum Verhängnis.

In Korea glaubte man und hoffte man zu lange an die Selbstheilung bei Neueinsetzung eines fähigen Kaisers. Dies jedoch blieb aus. Die japanische Regierung machte sich die Führungsschwäche Koreas zu nutze und annektierte die Halbinsel, nachdem Japan bereits China (1895) und Russland (1905) in verheerenden Schlachten geschlagen und damit eine Neuordnung der militärischen Kräfteverhältnisse in Ostasien herbeigeführt hatte. Zunächst mit einem für die koreanischen Seite schmachvollen Protektoratsabkommens im Jahr 1905, dann mit der vollständigen Besatzung der Halbinsel ab 1910.

Nationalhymnen

Mag die Einführung einer Nationalhymne und die damit verbunden Schritte auch nur ein nebensächlicher Aspekt in der Entwicklung einer Nation sein, so sind die damit in Zusammenhang stehenden Aspekte dennoch beachtenswert und hilfreich beim Versuch, interkulturellen Austausch um 1900 zu verstehen.

Nationalhymnen mit ihren liedtextlichen Verherrlichungen vaterländischer Ehre, verbreiteten sich in der Zeit der Entwicklung eines modernen Nationalgefühls und dem Streben nach staatlicher Eigenständigkeit weltweit. Greifbar wird diese Entwicklung zuerst in der ältesten nachweisbaren Nationalhymne, das um 1568 verfasste niederländische Geusenlied "Wilhelmus von Nassauen". Ende des 18. Jahrhunderts werden die amerikanische Hymne "The Star-Spangled Banner" und die dänische Kaiserhymne geboren (um 1780). Als klassischster Typ der Nationalhymne gilt die 1792 entstandene "Marseillaise", kurz danach folgen die österreichische Kaiserhymne, komponiert von Joseph Hayden und das beliebte polnische Nationallied "Noch ist Polen nicht verloren".

Im Zuge der Befreiungskriege entstehen im 19. Jahrhundert in Südamerika mehr und mehr Hymnen und schließlich folgen die asiatischen Länder im frühen 20. Jahrhundert. Dabei sind die Anlässe und die Motive, die Hymnen entstehen lassen unterschiedlichst, was sowohl den Liedtext, wie auch die Melodien betrifft. Anlässe sind oft bedeutende historische Ereignisse, Unabhängigkeitserklärungen, gesellschaftliche Umgestaltungen, Umbenennungen, siegreiche Schlachten u.ä. Inhaltlich wird die Verehrung des Landesfürsten ausgedrückt (Kaiserhymne), die Liebe und Treue zur Heimat, zur Landschaft und Natur (Landeshymne), die kulturelle Bindung wird formuliert und die Einheit des Landes und der Menschen beschworen (Volkshymne). Oftmals entstehen Hymnen aber auch einfach aus einer zermoniellen und protokollarischen Notwendigkeit heraus.

Bei der Betrachtung der Nationalhymnen fällt auf, das eine Vielzahl landesfremden Autoren ihre Entstehung verdanken und oftmals landeseigene Tonsysteme zugunsten europäischer zurücktreten, so geschehen in Japan und Korea durch den preußischen Musikdirektor Franz Eckert.

Franz Eckert in Japan (1879 - 1899)

Über die Person Franz Eckerts ist nur wenig bekannt. Geboren am 5. April 1852 als Sohn eines Beamten in Neurode (Schlesien), wurde sein musikalisches Talent früh entdeckt und gefördert, so besuchte er Musikinstitute und Konservatorien in Breslau und Dresden, versah dann seinen Militärdienst als Musiker in Neisse. Der Ruf als Marinekapellmeister führte ihn nach Wilhelmshaven.

Auf Anfrage der japanischen Marine nach einem europäischen Nachfolger des in den Diensten des einflussreichen Satsuma-Clans stehenden englischen Militärkapellmeister John William Fenton, verließ Eckert seine Heimat und erreichte Tokio im Jahre 1879. Zwanzig Jahre blieb Eckert in japanischen Diensten, arbeitete zunächst als Marinekapellmeister, später im Erziehungs- und Kultusministerium. Er komponierte, dirigierte und brachte die fremden Töne, Melodien und Instrumente der westlichen Musik den Japanern erstmals nahe. Sein wohl größtes Werk in Japan ist die von ihm 1880 arrangierte erste offizielle Nationalhymne Japans: "Kimigayo". Dabei fußt Eckerts Version auf einer von Fenton 1870 komponierten ersten Hymnenmelodie, die ihrerseits auf altjapanische Rhythmen zugriff. Fentons Melodie wurde zehn Jahre später durch den kaiserlichen Hoforchestermusiker Hirimori Hayashi für traditionelle japanische Elemente neuvertont, wodurch der japanische Charakter der Musik, besonders unter Verwendung der klassischen japanischen Streichinstrumente wie Koto und Shamisen deutlich zum Ausdruck kam. Aufbauend auf der populären japanischen Melodie, harmonisierte und rearrangierte Eckert diese für europäische Blasinstrumente und transponierte sie, unterstützt von dem japanischen Marinekapellleiter Nakamura, in ihre jetzige Gestalt. Eckert hatte sich in die traditionelle japanische Musik eingearbeitet und glaubte festzustellen, dass die Kirchentonarten der Gregorianik der japanischen am nächsten kam, entsprechend verwendete er den dorischen Orchestersatz. Diese erneute Umarbeitung für europäisch besetzte Kapellen verfremdete wiederum die Melodie, und sie erinnert heute kaum noch an japanische Musik. Der der Hymne zugrunde liegende Text entstammt der japanischen Gedichtanthologie "Kokinwagashu", der Sammlung von Liedern aus alter und neuer Zeit (905 bis 914 n.Chr.). In dieser sind 1100 Gedichte des japanischen Mittelalters verschiedener Autoren zusammengestellt. Ungewissheit herrscht über den Autor des Textes, zumal eine weitere Quelle den Ursprung des Hymnentextes auf ein Gedicht aus dem 12. Jahrhundert verlegt. Uraufgeführt am 3. November 1880, anlässlich des Geburtstages des Tenno, gab das Marineministerium acht Jahre später die Partitur heraus und ließ sie als offizielle Nationalhymne Japans im Ausland bekannt machen.

Eckerts Vertrag lief 1899 aus, er verließ mit seinen sechs Kindern Japan und begab sich zurück in sein Vaterland, nach Berlin. Doch es hielt ihn nicht lange dort.

Franz Eckert in Korea (1901 - 1916)

Die Führung Koreas wünschte, nachdem sie bereits 1882 Auslandsbeziehungen zu Amerika eingegangen waren, dem westlichen Diktum nach einer Nationalhymne nachzukommen. In diplomatischen koreanischen Kreisen war man, besonders durch die Vermittlung eines russischen Diplomaten und des deutschen Vertreters in Seoul, Heinrich Weipert, auf Eckert aufmerksam geworden. Im Februar 1901 folgte der Ruf an den kaiserlichen Hof Koreas.

Als Franz Eckert im Jahr 1901 koreanisches Festland erreichte, wird er wohl im Handelshafen Chemulpo, dem heutigen Incheon an Land gegangen sein. Chemulpo war 1883 von dem koreanischen König für Handelsbeziehungen u.a. mit den USA und Deutschland freigegeben worden. Entsprechend befanden sich Delegationen verschiedener Länder in der Hafenstadt. Und möglicherweise war auch das Bauvorhaben zur Johnstone-Villa, dem sogenannten "Deutschen Schloß„ bereits im Gang. Aufgrund seiner baulichen Größe, der ungewöhnlichen Platzierung hoch über der Hafenstadt und der Tätigkeit des deutschen Architekten Heinrich Becker (?) wird die Sommer-residenz des in Shanghai lebenden britischen Kaufmannes Johnstone, eines der herausragenden Stadtgespräche der aus-ländischen Delegierten gewesen sein. Den Weg in die ca. 20 Kilometer entfernten Hauptstadt Seoul konnte Eckert mit der 1899 von der japanischen Regierung fertiggestellten Seoul-Incheon-Eisenbahn in ca. 1 Stunde zurücklegen.

Eckerts vorrangige Aufgabe in Seoul war es, eine Hofkapelle auf-zubauen und, die erste Nationalhymne Koreas zu komponieren. Hierbei sollten ihm die Erfahrungen in Japan zu gute kommen, doch offensichtlich stellten die hohen und am Westen ausge-richteten Erwartungen der Auftraggeber für Eckert größere Schwierigkeiten dar, als bei seiner ersten Komposition, die zudem eher ein Neuarrangieren war. Entgegen seiner japani-schen Erfahrungen, griff Eckert in Korea nicht auf einen tradi-tionellen Text und eine volkstümlich bekannte Melodien zurück, sondern legte der Hymne einen neu gedichteten Text zugrunde und verwendete eine eigens komponierte Melodie im 6/4 Takt. Uraufgeführt wurde diese am 1. Juli 1902. Bereits im Dezember 1902 verlieh ihm Kaiser Gojong den Verdienstorden 3. Klasse. Doch der koreanischen Nationalhymne war kein weitreichender Erfolg gegönnt. Das hochmusikalische Volk empfand den Text als zu schwierig, das Lied zu als lang und zudem den ungewohnten Takt als zu schwer zu singen.

Ungeachtet der Geschichte und der Politik, war Eckert, wie in Japan, auch in Korea ein Pionier westlicher Musik. Die zu Anfang seiner Tätigkeit aus knapp zwanzig Musikern bestehende Hofkapelle konnte Eckert bis auf zuletzt 70 Musiker ausbauen. Seine Erfolge waren dabei derartig groß, dass er regelmäßig bei offiziellen Anlässen am Hofe auftrat und wöchentliche Konzerte im Pagoda-Park (Tapkol) in Seoul aufführte, wo sowohl selbstkomponierte Marschmusik, aber auch Werke u.a. von Bach, Wagner und Beethoven auf dem Programm standen. Während des Ersten Weltkrieges standen dem Ausländer Franz Eckert nicht mehr die nötige Freiheit und die finanziellen Mittel zur Verfügung, um eine so große Kapelle zu führen. Anfang 1916 gab er aus gesundheitlichen Gründen die Leitung der Kapelle ab. Am 8. August 1916 verstarb Eckert, er hatte fünfzehn Jahre in Korea gelebt und gewirkt. Trotz der Kriegszeiten wurde er unter allen Ehren von japanischer und koreanischer Seite auf dem Ausländerfriedhof in Seoul beigesetzt.

Ohne Zweifel geht die auch heute noch große Achtung deutscher Musik und Komponisten in Korea und Japan auf die mit großem Engagement geleistete Pionierarbeit Eckerts zurück.

Korea unter japanischer Herrschaft

Das Land Korea hatte zu Beginn des 20. Jahrhunderts mit großen innen- und außenpolitischen Problemen zu kämpfen. Die militärischen Siege Japans über China (1895) und Russland (1905) führten zur Kontrolle Koreas durch den jetzt übermächtigen Nachbarn Japan, in Form des demütigenden Protektoratsabkommens von 1905. Gemäß dieses Abkommens kontrollierte Japan die koreanische Außen- und Innenpolitik und damit Polizei und Militär, Währung und Bankwesen, Kommunikationswesen und alle anderen wichtigen Funktionen. In Folge dessen wurde das koreanische Militär aufgelöst und den Koreanern die japanische Kultur übergestülpt; was so weit ging, das bei Androhung drakonischer Maßnahmen die koreanische Sprache verboten war, ebenso das führen koreanischer Namen. Als Fußnote der Historie wurde in diesem Zusammenhang die Eckertsche koreanische Nationalhymne durch "Kimi ga yo" ersetzt und geriet somit in Vergessenheit.

Mit der Annexion Koreas verloren nahezu sämtliche koreanische Beamten ihren Posten und wurden durch japanische Beamte ersetzt. Demzufolge entstand ein großes Heer arbeitsloser Hofbeamter, diese verdingten sich nun als Bettler, Handlanger und Verkäufer minderwertiger Waren in den Städten und Dörfern des Landes. In seinem Roman "Der Yalu fließt" schildert der in München verstorbene koreanischstämmige Autor Li Mirok seine Jugenderinnerungen zur Zeit der japanischen Annexion. In einer beeindruckenden Szene beschreibt er lebhaft den Kauf von handgefertigten Bambusflöten. Dabei geht Li den Käufern zur Hand indem er die von einem ehemaligen Hofbeamten feilgebotenen Bambusflöten auf ihre Qualität hin prüft und die beste unter den durchweg schlecht gefertigten Flöten herauszieht. Vom Qualitätsurteil des jungen Li überrascht, greift der Verkäufer zu einer alten hochqualitätvollen Flöte und spielt mit wachsender Freude und in Begleitung des jungen Li eine traditionelle Weise nach der anderen. Li gibt hier den Hinweis, dass das Handwerk der Herstellung traditioneller Instrumente aufgrund der auferzwungenen Verwestlichung des Hofes durch die Japaner verloren ging, und nun bevorzugt westliche Instrumente importiert, verkauft und bespielt wurden. Die offensichtliche Kehrseite der Medaille zu Eckerts strahlender Pionierarbeit.

Exkurs: Sohn Kee-Chung – Son Kitei

Während der Zeit der japanischen Besatzung, war es Koreanern nicht erlaubt, ihre Muttersprache zu sprechen und koreanischen Namen zu behalten, Zwangsumbenennungen war die Folge; Fachkräfte und herausragende, aussichtsvolle Talente wurden, wie in den Jahrhunderten zuvor, aus Korea entführt und sklavenähnlich zur Arbeit für das Japanische Reich gezwungen.

In die Zeit der japanischen Besatzung Koreas fallen auch die Geschehnisse um den Leichtathleten Sohn Kee-Chung, japanisiert: Son Kitei.

Geboren am 29. August 1912 in der Stadt Siniju im heutigen Nordkorea, studierte Sohn an der 1881 gegründeten und noch heute bedeutendsten Universität Japans, der Meiji-Universität. Als er 1935 Weltrekord im Marathonlauf in Tokio lief, erfolgte umgehend seine Nominierung für die Olympischen Spiele in Berlin, die im Folgejahr stattfanden. In Berlin lief er mit 2Stunden 29Minuten und 19Sekunden einen neuen Olympischen Rekord und wurde mit über zwei Minuten

Vorsprung vor dem Briten Ernest Harper Olympiasieger. Dritter und damit Gewinner der Bronzemedaille wurde Nam Sung-Yong (1912-2001), japanisiert: Nan Shoryu, ein weiterer Koreaner.

Überglücklich über den Sieg und verzweifelt, dass beide, Sohn und Nam unter der japanischen Flagge starten mussten, nutzten sie ihre Popularität und setzten wiederholt ein Zeichen gegen die Besatzung Koreas durch Japan. So weigerten sie sich, während der Olympischen Spiele mit ihren japanisierten Namen zu unterschreiben, gelegentlich setzte Sohn die Umrisse Koreas neben seine Unterschrift. Die Siegerzeremonie war für Sohn und Nam von Schmach und Verzweiflung geprägt, Sohn brach angesichts der japanische Flagge unter der sein Sieg in die Annalen der Olympischen Spiele Eingang fand in Tränen aus.

Nach seinem Olympiasieg arbeitete Sohn erfolgreich als Trainer in Korea. Er starb am 15. November 2002 und fand seine letzte Ruhestätte auf dem nationalen Ehrenfriedhof Daejeon. Neben vielen offiziellen Ehrungen zu Lebzeiten, wurde eine Parkanlage in Seoul nach Sohn benannt.

Das Restaurierungsprojekt

In der Restaurierung und Instandhaltung des Grabsteins auf dem Ausländerfriedhof in Seoul wird Eckert die Achtung und Ehre erfahren, die ihm angesichts seiner wichtigen interkulturellen Vermittlertätigkeit unzweifelhaft zusteht. Gleichzeitig wäre erneut ein Zeichen des kulturellen Austausches der Länder Deutschland und Japan / Korea gesetzt.

Stilkritisch lässt sich die Granitstele am Grab des Preußischen Musikdirektors Eckert in die Zeit des I. Weltkrieges datieren und damit in die Zeit um das Sterbejahr des Komponisten. Form und Schmuck der Stele sind nicht ungewöhnlich. Der schmückende Zierrat eines Medaillons, eingepasst in eine erhaben gearbeitete Kreuzform, war ein damals gängiges Motiv. Da kein überzeugendes historisches Bildmaterial zur Verfügung steht, kamen zunächst Darstellungen des leidenden Heilands als Applikation auf dem Medaillon in Frage, auch Puten- oder Engelsköpfe bzw. christliche Symbole wie Palmenzweige, Mohngarben, Sanduhr oder das Herz mit Anker und Kreuz waren denkbar. Informationen aus dem Familienkreis Eckerts ließen dann aber zur Gewissheit werden, dass das Medaillon ein Porträtbildnis des Verstorbenen trug. Stil und Einzigartigkeit der Stele auf dem Foreigners Cemetery lassen zudem eindeutig auf eine Fertigung in Deutschland, hier: Berlin, schließen.

Es ist eine Frage der christlichen Pietät und der politischen Verantwortung zugleich, hier - in Seoul - tätig zu werden und ein Zeichen zu setzen, das die historischen engen Bande zwischen den beiden Staaten Deutschland und Korea nochmals beleuchtet und damit im Blick auf die Vergangenheit auch die Beziehungen der Gegenwart festigt.

Ideelle Unterstützung erfuhr das Projekt zur Wiederherstellung des Grabsteins bereits durch eine Vielzahl von Persönlichkeiten aus Kultur, Politik, Wirtschaft, dem öffentlichen Leben, sowie Privatpersonen und Kulturinteressierten in Korea und Deutschland. Doch soll auch eine Zusage mit anschließender vehementer Absage erwähnt werden. Ein koreanischer Kaufmann, der sich mit seinem Sohn, einem angehenden Pianisten, zu einem Studienbesuch in Deutschland aufhielt, befürwortete zunächst die Idee der Restaurierung begeistert.

Zurückgekehrt nach Korea, fand er offensichtlich Zeit, sich umfangreich mit Leben und Wirkung Eckerts zu beschäftigen. Daraufhin erteilte er dem Projekt eine definitive Absage mit folgendem Wortlaut: "Anyway no news from Seoul. Now I want to tell my opinion. After Germany, I read the articles which you gave me about Franz Eckert. Finally I learned to know that he did many things for Japan Empire, especially for the kingdom's palace. It means he was very friendly with Japan Emperor's family. Historically speaking, they did so many, many things wrong upon our people, also upon Chinese. Moreover they never apologized what they had done. In this point, really I do hate them. One month ago, Mr. Shin, the chairman of the ruling party of Korea, resigned because his father was a step sergeant of military police in Japan Army around 1940. So I guess carefully that every Korean will be reluctant when he learn to know this fact. Yours Truly (16. September 2004)" Diese Auffassung steht nicht allein und ist sicher mit dem Empfinden der Mehrheit der koreanischen Bevölkerung identisch, weshalb sie hier im Originalwortlaut wiedergegeben wird. Grundsätzlich ist diese persönliche Haltung und Sichtweise selbstverständlich zu verstehen und zu respektieren, dennoch wird an der Restaurierung des Grabmals festgehalten und der übergeordnete Aspekt des interkulturellen und positiven Austausches zweier Nationen, hier Korea und Deutschland, mittlerweile über 125 Jahre hinweg, betont. Und mit der Realisierung des Projektes auch weiterhin Rechnung getragen.

Zur Lage und zur Geschichte des Friedhofes

Es sollen circa 500 Gräber sein, die auf dem Foreigner Cemetery ruhen, hauptsächlich ausländische Missionare und deren Familien aus über 13 Ländern. Aber auch Geschäftsmänner,

Diplomaten und Soldaten fanden hier ihre letzte Ruhestätte. Der Friedhof befindet sich nördlich des Flusses Han in Hapjeong-dong, ganz in der Nähe der Seoul Union Church, der ältesten koreanischen Kirchenvereinigung, die sich seit 1886 um ausländische Gläubige kümmert.

Der Friedhof wurde im Juli 1890 angelegt. Dr. Horace Allen, Koreas erster protestantischer Missionar, hatte seine Beziehungen spielen lassen und erhielt ein Stück Land von der Regierung, für die Bestattung des presbyterianischen Missionars John Heron zu finden, damit war der Grundstein für den Friedhof gelegt.

In den kommenden Jahrzehnten wuchs der Friedhof nur langsam aber stetig. Viele der Grabsteine sind vom Zahn der Zeit beschädigt, viele Tragen Zeichen des Krieges.

Um zu dem Foreigners Cemetery zu gelangen, nimmt man die U-Bahn-Line Nr. 2 oder Nr. 6 bis zur Haltestelle Hapjeong Station, dort den Ausgang Nr. 7. Unmittelbar geradeaus weitergehen und zwei kleinere Straßen überqueren. Hier müssten die ersten Hinweisschilder zu sehen sein. Wenn nicht, dann unbeeindruckt hinter dem kleinen Ruhepavillon in die schmale Seitenstraße links, d.h. südlich, einbiegen und zwischen einer Häuserfront (rechs) und einer Lärmschutzwand der Eisenbahnbrücke (links) noch gut 600 Meter geradeaus. Dieser Weg führt direkt (rechter Hand) zur Kapelle und dem kleinen Parkplatz des Friedhofes, der auf einem leichten Hügel gelegen ist.

Literatur

Clark, Donald N., "Yanghwajin : Seoul foreigners cemetery : an informal history, 1890-1984", Seoul 1984

Eckardt, Andre, "Unserem Mitgliede Franz Eckert, dem Pionier deutscher Musik in Japan zum Gedächtnis", Deutsche Gesellschaft für Natur- und Völkerkunde Ostasiens (Band XXI), Tokio 1926

Griffis, W.E., Corea, the hermit Nation, New York 1897

Hamel, Hendrick. Hamels Journal and a discription of the Kingdom of Korea: 1653-1666, Seoul 1994

Han, Jong-Soo, Die Beziehungen zwischen der Republik Korea und der Bundesrepublik Deutschland 1948-1986, Frankfurt u.a. 1991

Hoppner, Inge (Red.), Brückenbauer: Pioniere des japanisch-deutschen Kulturaustausches, München 2005

Kim, Hiyoul, Koreanische Geschichte. Einführung in die koreanische Geschichte von der Vorgeschichte bis zur Moderne, St. Augustin 2004

Kleiner, Jürgen, Korea – auf steinigem Pfad, Berlin 1992

Kneider, Hans-Alexander, "Deutsche Staatsangehörige in Korea von A bis Z" (1998) und Mitteilungen an den Autor (2004)

Masajiro, Tanimura, Franz Eckert (1852-1916) Spritus rector der Blasmusik in Japan. In: Brückenbauer. Pioniere des japanisch-deutschen Kulturaustausches, Berlin 2005, S. 218-227.

Menke, Michael, DaF-Szene Nr. 17 (2003) Lektoren-Vereinigung Korea

ders., Die Geschichte der koreanischen Nationalhymne (10/2002), Presse- und Kulturabteilung / Botschaft der Republik Korea, Berlin

Oppert, Ernst, Ein verschlossenes Land: Reisen nach Corea; nebst Darstellung der Geographie, Geschichte, Produkte und Handelsverhältnisse des Landes, der Sprache und Sitten seiner Bewohner. Leipzig 1880

ders., Oastasiatische Wanderungen: Skizzen und Erinnerungen aus Indien, China, Japan und Korea. Stuttgart 1898

Ragozat, Ulrich, Die Nationalhymnen der Welt, Freiburg 1982

http://www.willi-stengel.de/suedkoreanische_nationalhymne.htm

Woo, Kang Duk, Kang Ok Yeob, Incheon, Her History and Culture, Incheon 2003

Foto: Schmidt 2003

Anmerkung zum Grabstein von Franz Eckert

Jörg A. Kuhn

Lieber Martin,

Dein Anliegen, eine Restaurierung des Grabsteins für Franz Eckert zu erreichen, ist natürlich unterstützenswert. Der Grabstein selbst ist, wie Du bereits richtig bemerkt hast, als "Kunstobjekt" nichts besonderes, im Gegenteil: der Stein als solches ist absolute Katalogware und zwar Mittelklasse. Zusätzlich ist er für die Zeit um 1916 auch unmodern. Modern in dieser Zeit sind Reformgrabsteine aus Muschelkalk mit neuklassizistischen Formzitaten, zurückhaltender Bauplastik und schönlinigen Lettern aus Bronze. Ehrengrabstätten, deren zumeist bereits ältere Grabzeichen beschädigt, verschollen oder sonstwie unbrauchbar geworden waren, wurden offenbar um 1900 und der Zeit danach gerne durch solche sehr pflegeleichten Grabobelisken, wie jenem vom Grabmal Franz Eckert ersetzt (etwa die vier Steine der Grabstätte der Männer Jakob, Wilhelm, Hermann und Rudolf Grimm auf dem Alten St. Matthäus-Kirchhof an der Großgörschenstraße 12 in Berlin-Schöneberg).

Die Verzierung eines solchen Obeliskengrabmals mit einem Porträtrelief lässt sich seit spätestens 1851 nachweisen (durch die Einführung der dampfbetriebenen Steinschneidemaschinen auf der Weltausstellung in London wurde die Herstellung solcher Grabsteine aus poliertem Hartgestein sehr stark verbilligt, so dass auch die Mittelschicht sich Granit leisten konnte und auch der vorsorgliche preußische Staat), geht aber natürlich auf ältere barocke und klassizistische Grabzeichen zurück, diese wiederum übernahmen diese Schmuckform aus der römischen Antike, wo runde Porträtreliefs der Verstorbenen nicht allein die Fronten der Sarkophagdeckel verzieren konnten, sondern auch "Mausoleen" (etwa an der Via Appia) reicher Bürger und Freigelassener solchen Schmuck brachten. Die Neuschöpfung des verlorenen Reliefs nach der Fotografie ist natürlich nicht ganz optimal, dürfte aber besser nicht zu schaffen sein und ist somit in Ordnung.

Aber wie Du siehst, ich könnte wenig zum Grabstein sagen, denn ein Exkurs über Grabsteine um 1916 wäre ein Exkurs zur Grabmalsreformkunst nach 1900 und würde nicht zu Gunsten des Steins für Franz Eckert ausfallen ...

Liebe Grüße, Dein Jörg"

Zwei Entwürfe zu dem neuen Grabmedaillon von Franz Eckert

Martin H. Schmidt

Zwei Bildhauer aus aufeinanderfolgenden Generationen - wie Vater und Sohn - haben sich in den zurückliegenden Monaten mit dem Konterfei Franz Eckerts auseinander gesetzt: Hermann zur Strassen und Axel Richter.

Die Bildhauer fanden in der Auseinandersetzung mit dem einzig zur Verfügung stehenden Porträtphoto Eckerts eigene Zugangsweisen zu Leben, Werk und Charakter des Musikers. Jeder der Künstler wurde schnell ergriffen von der Leidenschaft des Musikers, vom Spannen des weiten Bogens in seinem Lebensweg und der Hingabe zur Musik, der Liebe zu den Menschen Asiens und die Verzweiflung über die Geschehnisse in seiner fernen Heimat, die er, greiser und kranker Mann, nur noch als Nachrichten wahrnehmen konnte.

Genau wie vor 90 Jahren, als das erste Eckert-Bildnismedaillon für die Grabstele von einem europäischen Bildhauer als Aufragsarbeit entstand, so haben die beiden Bildhauer ihre Formideen und Vorstellungen in Wachs bossiert und für den Bronzeguss vorbereitet. In den Entwürfen verbinden sich europäische Kunstauffassungen mit biografischen Elementen, sowohl des Dargestellten, als auch der Ausführenden.

Hermann zur Strassen, 1927 in Frankfurt/Main geboren, lebt und arbeitet in Kronberg/Ts.

In dem Bildnis, das er von Franz Eckert schuf, liegt zur Strassens verdichtetes Alterswerk. Der Bildhauer hat dem Musiker seine

43

eigene höchst persönliche Note verliehen, sein skeptischer Blick, distanziert und doch nahe, verbunden der Kultur und der Kunst, durch Trauer im Verlust der eigenen Wurzeln zur Heimat, zynisch im Fernbleiben und eingefasst in ein Sfumato, das den Schritt aus der Welt heraus ins Jenseits bereits beinhaltet.

Die Modellierung ist weich und unscharf, Mulden und Löcher entstehen an Stellen, die sich einer naturalistischen Lesart verweigern. Das Bildnis im Basrelief gegeben, wird eingefasst von einem die Medaille begrenzenden Ring. Die Kleidung des Büstenstückes stößt am unteren Rand über die Begrenzung heraus und hervor, womit sich die Formulierung an klassische Vorbilder der Sepulkralbildniskunst des späten 19. Jahrhunderts anlehnt, mittels der bewusst gewählten Unschärfe aber diese Verbindung lediglich als Ankerpunkt in der Historie, der Lebenszeit Eckerts, wählt, den zweiten Ankerpunkt aber deutlich im Heute findet. Wobei die Darstellung nichts Modernistisches oder gar Modisches aufweist, sondern als Kulminationspunkt eines naturalistisch arbeitenden Bildhauers zu verstehen ist, der die erkennbare und gewachsene Form in ihrem Umfeld als Dreh- und Angelpunkt seines Schaffens sieht.

Axel Richter, 1960 in Oldenburg geboren, lebt und arbeitet in Ammersbek/Hamburg.

Axel Richter hat sich in seiner bildhauerischen Formsprache ganz der Abstraktion gewidmet. Seine abstrakt-geometrischen Figurationen öffnen sich in den Raum, behalten aber in der Wahrung ihres Ausgangspunkt die Verbindung zum eigenen Kern. Entsprechend ist die Auseinandersetzung mit dem Porträt Eckerts für Axel Richter ein eher untypisches Unterfangen.

Wie im Sand der Zeit versunken erscheint das Porträt des Musikers. Nicht als eindeutig erhabene Arbeit auf einem Materialgrund und nicht als in die Tiefe eingravierte Arbeit ist die Modellierung Richters zu bezeichnen. Denn sowohl in die Tiefe, als auch erhaben zeigt sich das Porträt.

Zuversichtlich und klar seine Ziele fixierend und umsetzend, lässt der Bildhauer Franz Eckert unvermittelt und direkt uns, die Betrachter, anschauen. Zuversicht spiegelt sich in seinem Gesichtsausdruck und in den Augensternen. Zuversicht, nicht gänzlich in Vergessenheit zu geraten, dass es immer jemanden geben wird, der sich seiner erinnert. Die Modellierung der Haare und der Bartpartie, besonders aber im Büstenbereich, das heißt bei der Formulierung der Kleidung, hier: Hemd, Kragen, Krawatte, Jackett, zeigt sich Richters Liebe zur Abstraktion. Diese Partien lösen sich scheinbar vom naturalistischen Ansatz des Porträts, erhalten Eigenständigkeit und bilden den abstrakten Übergang hin zur tragenden Kreisscheibe. Keine verspielte Materialver-liebtheit steht hier im Vordergrund, sondern das mit wenigen klaren Spatelsetzungen herausgearbeitete Bildnis eines verstorbenen Musikers alter Schule.

Yin Feng Shui – Die Energie der Erde und ihre Wirkung auf den Menschen

Gefion Wolf

Grabanlagen und Ahnenverehrung aus asiatischer Sicht

Gräber und Grabmale spielen im asiatischen Raum eine besondere Rolle. Sie sind die Heimstatt der Ahnen. Und eine Familie investiert meist erhebliche Summen, um die Grabstätten der Vorfahren optimal zu gestalten und zu pflegen. Dabei geht es nicht nur darum, den Verstorbenen Respekt zu zollen. Die korrekte Anlage des Grabes und die akkurate Einbettung der Toten, so die weit verbreitete Vorstellung, ermöglicht den Hinterbliebenen, Kontakt zu ihrer genetischen Linie zu halten – und den Ahnen ihrerseits, lenkend und begleitend auf die Geschicke der Lebenden einzuwirken.

Eine Familie, die sich der Unterstützung einer ganzen Generationenreihe sicher sein kann, fühlt sich gut beschützt und geht mit entsprechendem Selbstbewußtsein an die täglichen Geschäfte. Vor allem wenn die Vorfahren zu Lebzeiten das Glück auf ihrer Seite hatten und erfolgreich waren. Was der Großvater einst säte, kann der Vater kultivieren, der Sohn ernten und dessen Kinder zur weiteren Expansion verwenden. Und dies gilt eben nicht nur für materielle Güter, sondern insbesondere auch für die metaphysische Ebene.

Die Kunst des Kan Yu

In China entwickelte sich um den Ahnenkult schon in prähistorischen Zeiten eine spezielle Lehre. Der erste Hinweis darauf findet sich auf Orakelknochen, und erst wesentlich später erwähnen schriftliche Dokumente den Namen dieser Kunst, die als Kan Yu bekannt war, was sich als "der Lauf der himmlischen Kutsche" umschreiben lässt. Die Bewegung der Gestirne und bestimmte Zeichen und Vorgänge in der Landschaft wurden von den Meistern dieser Schule gedeutet, um die besten Plätze und Ausrichtungen für ein Grab auszumachen, den besten Zeitpunkt für die Bestattung zu berechnen und die Toten mit entsprechenden Ritualen in einer genau vorgeschriebenen Haltung beizusetzen. Nach dem Begräbnis war es üblich, den Meister in regelmäßigen Abständen zu bitten, am Grab nach dem rechten zu schauen und den Bau in gutem Zustand zu halten.

Dieses erforderte naturgemäß einen großen Aufwand und konnte normalerweise nur von wohlhabenden, ranghohen Familien finanziert werden. Kan Yu war ein vergleichsweise elitäres Spezialwissen, und die praktische Anwendung und Umsetzung der Lehre wurde weitgehend geheim gehalten und meist nur innerhalb der Meisterschulen mündlich weitergegeben.

Feng Shui und das "Buch der Begräbnisse"

Im Lauf der Zeit bürgerte sich eine andere Bezeichnung für die "Begräbniskunst" ein, die erstmals im "Zang Shu", dem "Buch der Begräbnisse", einem Klassiker der chinesischen Literatur aus dem dritten nachchristlichen Jahrhundert auftaucht: Feng Shui. Der Autor Guo Pu (276–324 n. Chr.) beschreibt in diesem Werk die wesentlichen Faktoren für eine gute Grabstelle. Dabei ist die zentrale Anforderung, dass der Platz genügend gutes Qi besitzt – die Lebensenergie, die nicht nur ständig von sämtlichen

Organismen produziert und verbreitet wird, sondern die auch in der unbelebten Materie und im ganzen Kosmos vorhanden ist. So fremd uns Europäern dieses Qi-Konzept ist, so plausibel ist es für die Asiaten. Wo kein Qi ist, kann nichts gedeihen. Jede Entwicklung, jeder Prozess benötigt Qi, und je besser diese Energie ist, desto besser werden die erzielten Resultate sein. Hat nun ein Ort eine so günstige Topographie und ein so gutes Klima, dass er viel Qi "einfangen" kann, eignet er sich optimal für eine Begräbnisstätte. Da der Verstorbene ja nicht mehr über einen "funktionsfähigen" Körper verfügt, der ihm zu Lebzeiten genügend Qi lieferte, braucht er jetzt eine entsprechende neue "Behausung", um maximales Qi aufzunehmen. Der Geist des Ahnen soll sich an seinem neuen Platz wohl fühlen und dort auch immer die Möglichkeit haben, mit seinen Nachfahren zu kommunizieren. So kann man das Grab als die Schnittstelle zwischen den Welten der Lebenden und Toten verstehen, wo regelmäßiger Austausch und gegenseitige Hilfe möglich werden.

Um die Qualität des Platzes beurteilen zu können, muss der Feng Shui Meister großes technisches Knowhow und lange Erfahrung besitzen und sich über einige grundsätzliche Prinzipien im klaren sein. "Qi", so schreibt Guo Pu im Zang Shu, "wird vom Wind zerstreut und vom Wasser gehalten." Dieses ist der zentrale Satz und die Definition der Feng Shui Lehre. Dementsprechend darf ein Ort also nicht zu sehr dem Wind, chinesisch "Feng", exponiert sein, damit das Qi nicht fortgetragen wird. Andererseits ist es günstig, wenn Wasser, chinesisch "Shui", vorhanden ist, das die Fähigkeit hat, das Qi zu binden und am Platz zu halten.

Feng Shui ist also nicht die Lehre von Wind und Wasser, wie oft fälschlicherweise kolportiert wird, sondern das Wissen über die natürliche Bewegung des Qi und die Möglichkeiten, es an einem Ort einzufangen, zu lenken und zu sammeln, um es für die Ahnen nutzbar zu machen. Erst später wurde es Usus, auch die Wohnstätten der Lebenden nach Feng Shui-Prinzipien zu gestalten. Auch hier waren es wieder in erster Linie der Reichen und Mächtigen, die sich einen Feng Shui-Meister leisten konnten. Der wiederum hatte für manche Familien eine ähnliche Funktion wie ein Hausarzt, denn es empfahl sich nicht nur, den Experten bei größeren baulichen Veränderungen zu konsultieren.

Da Qi ja eine sehr lebendige Angelegenheit ist und sich nicht einfach an einem Ort auf die Dauer "einsperren" lässt, musste ohnehin regelmäßig "nachjustiert" werden, um Grundstück und Gebäude in optimalem Zustand zu halten. Hochgestellte Persönlichkeiten, wie beispielsweise die Mitglieder des Kaiserhofs, hatten ihre "eigenen" Feng Shui-Meister, die exklusiv für sie arbeiteten und oft auch die Position des Wahrsagers oder Hausastrologen übernahmen. Es war hinlänglich bekannt, wie aufbauend, stärkend und belebend gutes Qi wirkt, und wie schwächend und ermüdend es sein kann, sich längere Zeit an einem Ort mit wenig oder schlechtem Qi aufzuhalten. Und so wurde Feng Shui auch zunehmend für Machtspiele ge- und missbraucht, vor allem in Kreisen des Adels und der Armee.

Das unterschätzte Yin Feng Shui

Heute wird von einigen Autoren zwischen Yin- und Yang-Feng Shui unterschieden. Die beiden polaren Kräfte Yin und Yang vertreten im ewigen Kreislauf des Geschehens die Prinzipien von Dunkel und Hell, Tief und Hoch, Langsam und Schnell, Fest und Beweglich, Leise und Laut, Empfangend und Gebend,

Weiblich und Männlich, Irdisch und Himmlisch – und markieren nicht zuletzt auch Tod und Leben.

Vor allem im Westen, wo Feng Shui erst seit Mitte der 80er Jahre einer breiteren Öffentlichkeit bekannt ist, wird Yang-Feng Shui daher eher mit den Belangen der Lebenden in Verbindung gebracht und kapriziert sich vor allem auf Hausbau und Grundstücksgestaltung. Yin-Feng Shui dagegen assoziieren viele in erster Linie mit Gräbern und Friedhöfen, und diese spielen heute in unseren westlichen Kulturen eine wesentlich geringere Rolle. Daher wird bei uns Yin-Feng Shui meist völlig ignoriert. Dabei wird übersehen, dass die Grobeinteilung in Yin- und Yang-Feng Shui nur insofern korrekt ist, als für die optimale Anlage von Grabstätten die Qualität des Yin-Qi, des Qi der Erde, in die man die Toten bettet, von besonderer Bedeutung ist. Beim Hausbau konzentriert man sich dagegen stärker auf das Yang-Qi, das Qi des Himmels, das Dynamik, Fortschritt und Erfolg in eine Haus bringen soll. Letztlich aber sind die Grundprinzipien immer gleich, egal ob man ein Haus oder ein Grab gestaltet.

Klassische asiatische Friedhöfe als Anschauungsobjekt

Wer verstehen will, wie man das Qi einer Landschaft beurteilt, wie man es für ein Grundstück einfängt und für die Bewohner "nutzbar" macht, sollte eine der alten, klassischen Friedhofsanlagen, beispielsweise in Taiwan oder Hongkong, besuchen, und dort nach den Gräbern berühmter Persönlichkeiten Ausschau halten. Diese Gräber haben alles, was das Herz eines modernen Immobilienmaklers höher schlagen lässt.

Die Liste der Pluspunkte beginnt mit einer leichten Hanglage in einfachem, leicht zu bebauendem Gelände mit schöner, üppiger Vegetation. Ein Bau- oder Grabplatz in einer solchen Lage schmeichelt dem Auge, verschafft Überblick ohne sich zu exponieren und verrät anhand des Bewuchses, dass der Boden fruchtbar und gleichzeitig gut geschützt ist. Im Winter, so sagen die Feng Shui-Meister, muss ein solcher Platz die kalten Winde abhalten und die Sonnenwärme speichern können. Im Sommer dagegen sollen Hügel und Bäume eine zu starke Hitzebildung verhindern und eine leichte, kühle Brise für Erfrischung sorgen. Schildkröte, Drache, Tiger und Phoenix – die "vier heiligen Tiere".

Ein Grab sollte so in die Landschaft eingebettet sein, dass es von den vier "heiligen Tieren" beschützt wird. Nach diesen benennen die Chinesen die Landschaftsformen, die das Grab umgeben. So hat der optimale Ort immer einen ausgeprägten Rückenschutz, meist durch einen markanten hohen Hügel oder Berg im Hintergrund, der der Grabanlage nach hinten Stabilität verleiht ohne bedrückend zu wirken. Bestenfalls befindet sich dieser Berg im Norden des Grabes, also dort, wo keine Sonneneinstrahlung einwirkt und ein Kälte- und Windschutz wüschenswert ist.

Die Chinesen nennen eine solche Formation "Schwarze Schildkröte". Die Farbe "Schwarz" ist symbolisch zu verstehen und zeigt die ruhigste und dunkelste Richtung an – eben die rückwärtige. Und die Schildkröte steht als Metapher für das Qi-Prinzip dieser Richtung: Langsame Bewegung, Langlebigkeit, Robustheit, Verlässlichkeit, Sicherheit.

Wie das Qi dabei von der Bergform geprägt und gelenkt wird, ist von entscheidender Bedeutung. Man stelle sich ein Auto im

Windkanal vor: Eine stromlinienförmige Karosserie mit flachen, eleganten Kurven sieht nicht nur chic aus, sondern verbessert bekanntlich auch den CW-Wert, was den Sprit-Verbrauch senkt. Oder – in Feng Shui Termini ausgedrückt – lässt das Qi leicht und problemlos über die Oberfläche gleiten, so dass wenig Energie verloren geht und man nur noch dafür sorgen muss, dass sie danach auch dort hinkommt, wo sie hinsoll, nämlich gut geleitet in sanften Mäandern direkt zur Grabstelle. Woraus folgt, dass eine Bergformation eine schöne, gut geschwungene Linie und perfekte Qi-Führung haben muss, um ihren "Schildkrötenjob" voll zu erfüllen.

Links und rechts wird der Platz von weiteren leichten Erhebungen flankiert, die Seitenschutz geben, aber die Sicht nicht blockieren. Die vom Grab aus gesehen linke Erhebung wird "Grüner Drache„ genannt, liegt optimalerweise im Osten und zeigt das aufsteigende, männlich-dynamische Qi an, das die Dinge in Bewegung bringt, also Yang-Charakter hat. "Grün" ist hier wieder metaphorisch zu verstehen und soll an die Energie eines jungen Baumsprösslings erinnern, der eine unbändige Wachstumskraft entwickelt.

Auf der rechten, wenn möglich westlichen Seite des Grabes befindet sich die Formation des "Weißen Tigers„. Dort sinkt das Qi ab, es wird langsamer und konsolidiert sich, geht sozusagen in Deckung und macht sich fast unsichtbar ("weiß„), wie ein Tiger, der auf Beute lauert. Diese Formation hat Yin-Charakter. Beide Seitenhügel sollen ebenfalls angenehme Linien haben, aber möglichst unterschiedlich aussehen, so dass sich Yin und Yang auch optisch ergänzen. Perfekt wird eine Grabstelle aber erst, wenn neben den schützenden Landschaftsformationen auch der Blick aufs Wasser und in die Ferne gegeben ist. Wasser an der Front des Grabes "hält" das Qi fest, wie es schon im "Buch der Begräbnisse" beschrieben ist. Und damit das Wasser nicht einfach davon fließt, sollte es sich in einer Meeresbucht, einem See oder einer Fluss-Schleife fangen. In der Ferne sollten kleine, flache Inseln oder andere sanft begrenzende Landschaftsformen zu sehen sein, die als "Roter Phoenix" bezeichnet werden und dem Auge einen "Ansteuerungspunkt" liefern. Der Phoenix ist das Symbol für eine strahlende Zukunft und Rot die Farbe des Feuers und des Glücks.

Innerhalb dieser optimalen Außenkonstellationen unternimmt der Feng Shui-Meister nun noch einige wichtige Feinjustierungen mit dem Lo Pan Kompass und weiteren Hilfsmitteln, um das Qi des Verstorbenen mit dem Qi des Platzes. Solche Plätze sind vom Qi verwöhnt und selten zu finden, und bei uns im Westen würden sie als Top-Lagen für Luxusvillen gehandelt. Im klassischen asiatischen Verständnis gebührt es aber gerade den Ahnen, an solchen bevorzugten Orten zu "wohnen", denn das ist Teil des "Generationenvertrags": Erhalten die Vorfahren das beste Qi, garantieren sie den Nachfahren ein glückliches, erfolgreiches Leben.

Franz Eckert – Versuch einer koreanischen Nationalhymne

Hans-Alexander Kneider

Schon früh macht sich die damalige koreanische Regierung Gedanken darüber, dass das koreanische Königreich eine offizielle Nationalhymne braucht. Beim Abkommen mit den USA am 22. Mai 1882, dem ersten Abkommen, das Korea je mit Ausländern abgeschlossen hat, wird das Volkslied Arirang anstatt einer Hymne gespielt. Um dem Königreich ohne Nationalhymne ihren Respekt zu erweisen, beschließen die Amerikaner bei dem Anlass, anstatt ihrer Hymne das Volkslied "Yankee Doodle Dandee" zu spielen.

1898 nehmen zwei hohe Regierungsbeamte an der Krönungszeremonie von Nikolas dem Zweiten in Russland teil. Die beiden Beamten sind von der Zeremonie so begeistert, dass sie dem damaligen koreanischen König "Kojong" vorschlagen, ein Militärorchester zu gründen und eine Nationalhymne zu komponieren. Der damalige deutsche Gesandte Weipert empfiehlt dem Kaiser einen deutschen Komponisten namens Franz Eckert. Eckert ist schon ein Experte auf dem Gebiet Nationalhymnen: Er hat bereits das Militärorchester in Japan geleitet und die japanische Nationalhymne, die "Kimikayo", neu arrangiert. 1902 kommt Eckert dann nach Korea.

1902 komponiert er die erste offizielle Nationalhymne Koreas mit dem Titel "Kaiserlich Koreanische Nationalhymne". Der Text dazu stammte wahrscheinlich von Young Hwan Min, einem der Russland-Gesandten. Obwohl die Regierung versucht, dem Volk Eckerts Hymne durch zahlreiche Konzerte nahezubringen, nimmt das Volk sie nicht an. Der Text ist zu schwierig und das Lied zu lang. Auch ist die Melodie mit dem komplizierten 6/4-Takt schwer zu singen. Fünf Jahre später schaffen die Japaner das koreanische Militär ab. Damit gerät auch die Hymne in Vergessenheit. So ist der erste Versuch einer koreanischen Nationalhymne gescheitert. Dennoch hat Korea Eckert einiges zu verdanken. Er ist es, der als erster die westliche Musiktheorie in Korea einführt und den Koreanern westliche Komponisten wie Beethoven und Bach vorstellt. In der Tat gefällt es Eckert in Korea so gut, dass er dort 16 Jahre bis zu seinem Tod bleibt. Heute liegt er auf dem Friedhof von Yanghwajin begraben.

Herr Minister!
Euer Excellenz sehr gefälliges Schreiben vom 29.v.M., mit welchem Sie mir mitteilen, daß seine Majestät gnädigst geruht habe, dem Deutschen Reichsangehörigen Musikdirektor F. Eckert in Anerkennung seiner Verdienste um die Komposition der koreanischen Nationalhymne und den hiesigen Musikunterricht die 3te Klasse des Tai keuk Ordens zu verleihen, habe ich zu erhalten die Ehre gehabt. Herr Eckert, dem ich die mitübersandte Dekoration und das Patent alsbald übermittelt habe, hat mich ersucht, Eure Excellenz zu bitten, Seiner Majestät seinen tiefgefühlten und ehrfurchtsvollen Dank für die ihm gnädigst verliehene hohe Auszeichnung gefälligst zum Ausdruck bringen zu wollen.

Indem ich diesem Wunsche Folge leiste und mich beehre auch meinerseits meine Gefühle lebhafter Freude und Genugthuung anläßlich der einem Deutschen Reichsangehörigen erwiesenen Ehre auszusprechen, benutze ich diesen Anlaß Eurer Excellenz die Versicherung meiner ausgezeichneten Hochachtung zu erneuern.

H. Weipert

Am 06. Januar 1903 richtete der deutsche Konsul in Seoul, Dr. jur. Heinrich Weipert, diesen Brief an den koreanischen Außenminister, Cho Pyong-sik, um sich im Namen von Franz Eckert für seine erhaltene Auszeichnung zu bedanken. Doch wer genau war dieser soeben ausgezeichnete "Deutsche Reichsangehörige"? Obwohl Franz Eckert über 35 Jahre in Ostasien tätig gewesen war, gibt es nur sehr wenig überliefertes über sein Leben und Wirken im Fernen Osten.

Franz Eckert wurde als Sohn eines Gerichtsbeamten am 05. April 1852 in Neurode bei Waldenburg (Schlesien) geboren. Seine Schulzeit verbrachte er auf verschiedenen Schulen, wobei er besonders das Musikinstitut mit Erfolg besuchte. Nach Absolvierung der Konservatorien in Breslau und Dresden versah er zunächst seinen Militärdienst als Musiker in Neisse. Noch während dieser Zeit bekam er einen Ruf als Marine-Kapellmeister nach Wilhelmshaven. Aber auch hier sollte er nicht lange tätig sein. Die deutsche Marine-Musik-Verwaltung stand vor der Aufgabe, einen Kapellmeister für die japanische Marine zur Verfügung zu stellen. Das Los traf auf Eckert, und so erreichte er im Jahre 1879 Tokio.

Die westliche Musik war zur Zeit seiner Ankunft in Japan nahezu unbekannt, und es galt daher, den Japanern die fremden Töne, fremden Melodien und fremden Instrumente näher zu bringen. Auf diesem Gebiet muss Franz Eckert zweifellos als "Pionier" bezeichnet werden.

Vom Frühjahr 1879 an fungierte Eckert zunächst als Marinekapellmeister und führte während dieser Zeit die deutsche Militärmusik in Japan ein. Von 1883 bis 1886 war er ebenfalls in pädagogischer Hinsicht tätig. Im Musikprüfungsausschuss des Erziehungsministeriums für Blas- und Streichmusik war er für Kompositions- und Harmonielehre zuständig. Im März 1888 wechselte Eckert zur Abteilung für klassische Musik des kaiserlichen Haus- und Hofministeriums über und beschäftigte sich mit zeremonieller Musik. Auf der Heeresschule Toyama arbeitete er von 1892 bis 1894 nebenbei als Lehrer für deutsche Militärmusik bei der dortigen Militärkapelle. Gleichzeitig gründete er das Orchester des kaiserlichen Haushalts in Tokio. Eine seiner wichtigsten Aufgaben war jedoch die Mitwirkung im Kultusministerium bei der Herausgabe des 2. und 3. Bandes eines Liederbuches für Grundschulen.

Im Jahre 1897 komponierte er anlässlich der Beerdigung der Kaiserinmutter Eisho Kotaigo das Lied "Kanashimi no kiwami" (der unermessliche Schmerz), das von dieser Zeit an bei Trauerfeierlichkeiten bei Hofe gespielt wurde.

Zu Eckerts größten und nachhaltigsten Werken in Japan zählt indes die japanische Nationalhymne. Im Jahre 1880 wurde er vom japanischen Marine-Ministerium aufgefordert, eine Nationalhymne zu komponieren, da eine vom Staate angenommene nicht existierte. Jeder andere Musiker hätte sich nun bemüht, etwas Eigenes und Dauerhaftes zu schaffen. Nicht so Franz Eckert, entgegen mancher Aussage, er wäre der "Komponist" der japanischen Nationalhymne. Eckert verlangte mehrere populäre japanische Melodien, wählte davon eine aus und harmonisierte und arrangierte sie für europäische Blasinstrumente. Das sogenannte "Kimi ga yo" wurde am 03. November desselben Jahres anlässlich des Geburtstages des Tennos zum ersten Mal im Kaiserpalast aufgeführt. Der Text zur Hymne stammte aus der japanischen Gedichtssammlung "Kokinshu" und lautet in der Übersetzung:

Bis zum Fels der Stein geworden,
Übergrünt von Moosgeflecht,
Tausend, abertausend Jahre,
Blühe, kaiserlich Geschlecht.

Im Jahre 1888 wurde die Partitur der japanischen Nationalhymne vom Marine-Ministerium herausgegeben und im Ausland bekannt gemacht.

Über den Erfolg seiner langjährigen Tätigkeit in Japan und über seine Arbeitsmoral soll dem Leser der folgende kurze Auszug aus den "Mitteilungen der Deutschen Gesellschaft für Natur- und Völkerkunde: Unserem Mitgliede FRANZ ECKERT, dem Pionier deutscher Musik in Japan zum Gedächtnis, von Prof. Andre Eckardt" (Bd. XXI, 1926) Aufschluss erteilen:

"Einfach und unbekümmert um Menschenlob und Menschentadel arbeitete Franz Eckert bis in die Nacht hinein, schrieb Noten und ersann neue Melodien und in der Frühe, oft schon um 4 Uhr, begann er von neuem sein Tagewerk. Unmöglich konnte er anfangs mit schweren Stücken voran-kommen, so war er genötigt, die Begleitungen neu zu schreiben und andere Stücke für Militärmusik zu arrangieren. Eine Menge von Liederpotpourris und Märschen, Tänzen und Hymnen floß aus seiner Feder. Daß dabei deutsche Melodien eine große Rolle spielen, ist selbstverständlich. Wenn heute so manches deut-sche Lied zum Gemeingut des japanischen Volkes geworden ist, so ist dies sicher zum großen Teil sein Verdienst. In den 80er und 90er Jahren komponierte er auch verschiedene japanische Lieder oder er übertrug japanische Melodien in moderne Notenschrift, harmonisierte und arrangierte sie für europäische Instrumente. Besonders zu nennen sind: Harusame (Erwachen des Frühlings),/Mariuta hitots'to ya (Ballspiel),/Echigo

jishi,/Kappore (humoristischer Tanz),/Rokudan (für Koto),/ferner verschiedene Märsche (Port Arthurmarsch usw.),
......"

Am 31. März 1899 trat Franz Eckert wegen gesundheitlicher Gründe von seiner Position im kaiserlichen Haus- und Hofministerium zurück und begab sich nach 20jähriger Abwesenheit wieder in die Heimat. Dort erhält er alsbald den Titel eines königlich preußischen Musikdirektors. Aber er sollte nicht lange in Deutschland verweilen und schon bald einem Ruf nach Korea folgen.

Am Abend des 26. November 1883 gab die stattliche Marinekapelle der Korvette "Hertha", die Generalkonsul Eduard Zappe aus Japan zwecks Vertragsverhandlungen nach Korea gebracht hatte, anlässlich eines Banketts zum deutsch-koreanischen Vertragsabschluß ein musikalisches Intermezzo. Ob diese Aufführung bei den koreanischen Beamten einen entsprechenden Eindruck hinterlassen hatte, soll dahingestellt sein. Fest steht jedoch, dass sich die koreanische Regierung entschlossen hatte, am Hofe eine Musikkapelle nach europäischem Muster zu halten. Die Wahl ihres Leiters fiel auf Franz Eckert, dessen Ruf durch seine langjährige Tätigkeit in Japan und durch Auszeichnungen verschiedener Länder sicherlich auch nach Korea gedrungen war. So erhielt Eckert in Deutschland bald durch die Vermittlung des deutschen Vertreters in Seoul, Heinrich Weipert, die Aufforderung des koreanischen Kaisers, eine Hofkapelle aufzubauen und sie an europäischen Instrumenten auszubilden. Diesem erneuten Ruf gleich nach seiner Genesung folgend, kam Eckert am 19. Februar 1901 in die koreanische Hauptstadt.

In Korea angekommen war seine Aufgabe indes keinesfalls leicht, da in dem lange Jahrhunderte hermetisch abgeschlossenen Reich bislang die westliche Musik nahezu unbekannt geblieben war und er seine Arbeit, wie seinerzeit in Tokio, von der Basis an beginnen musste. Aber durch seine japanischen Erfahrungen geschult, hatte er bald eine Hofkapelle von zwei Dutzend Mann aufgebaut und an europäischen Instrumenten ausgebildet. In den darauf folgenden Jahren konnte er die Anzahl seiner Musiker sogar bis auf 70 steigern.

Eckerts Erfolge bei der Ausbildung seiner Hofkapelle waren derart groß, dass er nicht nur regelmäßig bei offiziellen Anlässen bei Hofe auftrat, sondern auch jeden Donnerstag zur Freude aller ansässigen Europäer im Pagoda-Park in Seoul Konzerte veranstaltete. Dabei gab er sowohl selbstkomponierte Marschmusik als auch Wagner-Ouvertüren zum besten.

Gleich zu Beginn seiner Tätigkeit in Seoul komponierte Franz Eckert im Auftrag der Regierung eine koreanische Nationalhymne, die am 01. Juli 1902 uraufgeführt wurde. Der Text zur Hymne lautete wie folgt:

Gott beschütze unseren Kaiser./Dass sich Seine Jahre mehren,/Zahllos wie der Sand am Strande,/Der sich hoch zur Düne häufet./Dass Sein Ruhm sich leuchtend breite,/Weithin über alle Welten./Und das Glück des Herrschers,/Tausend und zehntausend Jahre,/Neu mit jedem Tag erblühe./Gott beschütze unsern Kaiser.

Die Komposition dieser Nationalhymne stellte sich allerdings als zu schwierig heraus, und sie sollte obendrein nach der Annexion Japans durch das "Kimi ga yo" ersetzt werden. Im Dezember 1902 erhielt Eckert aufgrund dieser Komposition und wegen seiner großen Erfolge bei der Ausbildung der Hofkapelle von Kaiser Kojong den Verdienstorden 3. Klasse verliehen.

Neben seiner Tätigkeit als Kapellmeister und Komponist widmete sich Franz Eckert ebenfalls Studien zur Erforschung traditioneller koreanischer Musik und war in der Behörde für klassische Musik als Mitarbeiter tätig.

Beim Einsatz der Hofkapelle während festlicher Anlässe oder bei Promenadenkonzerten im öffentlichen Park in Seoul erntete Eckert von jedermann Anerkennung und war deshalb sowohl bei den in Korea lebenden Europäern als auch bei den Koreanern selbst ein sehr beliebter Mann.

Während des ersten Weltkrieges standen Eckert nicht mehr die nötige Freiheit und die Mittel zur Verfügung, um seine relativ große Kapelle aufrechtzuerhalten. Zu Beginn des Jahres 1916 war er aus gesundheitlichen Gründen gezwungen, die Leitung der Kapelle seinem ersten Flötenspieler, den er selbst vorher zum Kapellmeister ausgebildet hatte, zu übergeben.

Franz Eckert starb am 08. August 1916 im Alter von 64 Jahren und wurde trotz der Kriegszeiten unter allen Ehren sowohl seitens der Koreaner als auch der Japaner, die seine langjährige Tätigkeit in Japan nicht vergessen hatten, auf dem Ausländerfriedhof in Seoul (Map'o-gu Hapchong-dong) beigesetzt. Ohne Zweifel hatte Eckert durch sein großes Engagement mit dazu beigetragen, dass die deutsche Musik auch heute noch einen nicht gerade unbedeutenden Stellenwert in Korea einnimmt.

Vermittler einer fremden Welt: Der deutsch-koreanische Schriftsteller Mirok Li

Hee Seok Park

Einführung

Eine kulturelle Verständigung ist mehr denn je bedeutsam geworden, seitdem die Welt näher zusammengerückt ist. Uns allen steht die große Aufgabe zu lösen, wie Menschen mit unterschiedlichen historischen, sozialen und kulturellen Hintergründen miteinander umgehen können. Die möglichen Antworten für die Zukunft gibt interessanterweise oft die Vergangenheit, auf die ich nun zurückblicken werde.

Irmgard Ackermann, eine Germanistin an der Universität München, hat im Wörterbuch der deutschen Literatur von 1992 einen Beitrag über "Ausländerliteratur" geschrieben, bei der es sich um die deutsche Literatur von Autoren handelt, deren Muttersprache nicht die deutsche Sprache ist. Darin wird erklärt, dass sich seit den achtziger Jahren eine starke Zunahme dieser Gattung in Deutschland entwickelt hat. Dabei nennt sie als Vorläufer für dieses Phänomen die zwei berühmten Namen; den Franzosen Adelbert von Chamisso (1781-1838), der zu den bedeutendsten deutschen Schriftstellern der Romantik gehört, und den aus Bulgarien ausgewanderten Elias Canetti (1905-1994), der in verschiedenen Ländern gelebt hat, aber in deutscher Sprache zu literarischem Ruhm gelangt ist. Dazu erwähnt Ackermann noch einen kaum bekannten Namen, der auch zu diesen Vorläufern gehören soll, nämlich den Koreaner Mirok Li (1899-1950), der 1920 von Korea nach Deutschland kam und bis zu seinem Tod im Jahr 1950 bei München gelebt hat. Li verfasste in deutscher Sprache seine Erinnerungen an die eigene

Kindheit, Jugend und das Leben in Korea. Sein literarisches Schaffen war unverkennbar in der koreanischen, ostasiatischen Kultur verwurzelt. Dadurch wurde den Lesern eine fremde Welt nahe gebracht, mit der sie zuvor kaum in Berührung kamen, und es war vielleicht der Anfang der Verständigung zweier weitentfernten Welten auf dem literarischen Wege. Der Vermittler hieß eigentlich Ûi-gyông Yi, aber in den Dokumenten stand die chinesisch-phonetische Umschreibung des koreanischen Namens Yiking Li, da er von der chinesischen Behörde in Shanghai seinen Pass bekam. In den späteren Lebensjahren in Deutschland nannte er sich, wie uns bekannt, Mirok Li, der sein Künstlername ist.

Das Leben von Mirok Li in Korea (1899-1919)

Mirok Li wurde am 8. März 1899 in der kleinen Stadt Haeju an der westlichen Küste von Mittelkorea, die heute in Nordkorea liegt, als jüngstes Kind einer wohlhabenden Familie geboren. Seine Familie gehörte zu der damaligen Oberschicht, so dass er eine behütete Kindheit hatte. Die häusliche Erziehung, die aus der konfuzianischen Tugend bestand, betraf vor allem das Lernen, welches ihm scheinbar sehr am Herzen lag. Schon als Kind lernte er in einer traditionellen privaten Schule die chinesischen Klassiker und konnte diese in jungen Jahren auswendig vortragen. Die traditionelle koreanische Bildung dauerte bis zum 10. Lebensjahr, solange Korea offiziell noch unter der Herrschaft des Königs stand.

1910, im Alter von 11 Jahren, begann Mirok Li die "moderne" Schule, in denen man das Wissen aus Europa lernte, zu besuchen. Die neue Schule, die von der japanischen Kolonialregierung eingeführt wurde, erweiterte nun seinen

Horizont über den ostasiatischen Raum hinaus für die weite Welt. Ihn faszinierte besonders der Kontinent Europa, weil, wie er selber schrieb, so viel neues Wissen von dort kam. Als Achtzehnjähriger ging Mirok Li 1917 nach Seoul, um Medizin zu studieren. Er hat es aber nicht bis zum Ende bringen können, da 1919, im dritten Studienjahr, eine große Unruhe durch das Land zog. Es handelte sich dabei um organisierte Massendemonstrationen für die Unabhängigkeit Koreas am 1. März 1919. Daran beteiligt waren nicht nur die geistigen Führer des Landes, sondern auch Studenten und Schüler in Seoul, zu denen auch er gehörte.

Als die gewaltsame Verhaftung der Beteiligten begann, eilte er in seine Heimat zurück. Aus Angst, dass der einzige Sohn der Familie verhaftet werden könnte, trieb die Mutter ihn dazu, das Land zu verlassen. So flüchtete er in Richtung China, überquerte den Fluss Yalu, der zwischen China und Korea fliesst, und fuhr weiter nach Shanghai, um von dort aus (mit dem Passagierschiff "Le Paul Lecat" der L'Atlantique Nord-Ligne. Anm d. Hrsg.) nach Europa zu kommen.

Die Aufstandsbewegung vom 1. März 1919 und die Verfolgung der Beteiligten durch die japanische Regierung in Korea waren die historischen Hintergründe dafür, dass Mirok Li seine Heimat verließ. Dass er dann nach Deutschland kam, dafür hat ihm seine Mutter den Weg geebnet, und zwar deshalb, weil der kleine Sohn in der Schulzeit so viel von Deutschland geschwärmt hatte, schrieb Mirok Li in einer Novelle. Im Frühling des Jahres 1920 bekam Mirok Li in Shanghai einen chinesischen Pass, mit dem er als chinesischer Student nach Deutschland reiste.

Das Leben von Mirok Li in Deutschland (1920-1950)

Die erste Station in Deutschland von Mirok Li war die Abtei Münsterschwarzach bei Würzburg. Dort blieb er acht Monate und lernte hauptsächlich Deutsch. Ab dem Sommersemester 1921 begann er an der Universität Würzburg mit dem Medizinstudium, unterbrach es aber kurz danach wegen einer Krankheit, wechselte dann 1923 nach Heidelberg, brach aber nach einem Jahr das Studium auch dort wieder ab. Er war von Natur aus gesundheitlich labil, so dass er auch in den drauf folgenden Studienjahren immer wieder pausieren musste. Ab 1925 studierte er an der Münchner Universität Zoologie, promovierte damit 1928.

Seine Studienphase in München war, wie im Allgemeinen bekannt, eine unruhige Zeit für Deutschland. Seine schriftlichen Nachlässen deuten dennoch darauf hin, dass er rege Kontakte mit Dozenten im Fach Philosophie gepflegt hat. Bei diesem geistigen Austausch handelte es sich um die ostasiatische Weltanschauung, für welche sich die Wissenschaftler in diesem Kreis interessierten und die er sicherlich durch seine Bildung in der Jugendzeit gut vermitteln konnte. Es wäre nicht unbegründet zu behaupten, dass Mirok Li für die Kollegen eine Quelle der ostasiatischen Philosophie war. Sein breit angelegtes Wissen über die chinesische, japanische und koreanische Philologie und Kultur müssen von kostbarer Bedeutung für die damaligen Lehrenden und Lernenden in München gewesen sein. Dies lässt sich auch daran erkennen, dass sich Mirok Li in späterer Zeit mit der chinesischen und japanischen Philologie befasst hat.

Privat lebte Mirok Li zunächst in sehr armen Verhältnissen. Denn um Geldsendungen aus Korea zu erhalten, dafür war die Zeit schwierig geworden. Nach dem Ende des Studiums hatte er keine regelmäßige Arbeit, verdiente sporadisch etwas Geld durch Übersetzungen wissenschaftlicher Arbeiten und den privaten Unterricht der chinesischen Kalligraphie. So ging es bis 1931, wo er die Familie Prof. Seyler kennen lernte und von ihr aufgenommen wurde. Die Familie lebte damals noch in München, zog aber 1937 nach Gräfelfing bei München um, wo Mirok Li bis zu seinem Tod 1950 gelebt hat. Das Zusammenleben mit der Familie wurde die Wende seines Lebens. Von nun an konnte er sich konzentriert dem Schreiben widmen. Er schrieb in den 30er und 40er Jahren Erzählungen, Märchen und Aufsätze für verschiedene Zeitungen und Zeitschriften. Im Umkreis der Familie Seyler in Gräfelfing befanden sich außerdem Intellektuelle und Künstler, mit denen er ein regelmäßiges Kulturtreffen organisieren konnte.

Nach dem Ende des Krieges hat Mirok Li eine Zeit hindurch an der Münchner Universität Vorlesungen über chinesische Philologie und koreanische Sprache gehalten, bis er wegen einer schweren Erkrankung diese aufgeben musste. Im Juni 1946, vier Jahre vor seinem Tod, erschien im Piper Verlag sein autobiographischer Roman *Der Yalu fliesst*. Nach den guten Reaktionen durch Leser und Kritik begann er die Fortsetzung der Geschichte, über sein Leben in Deutschland, zu schreiben, hinterließ uns aber nur ein 50-seitiges Segmente. Mirok Li starb 1950, im Alter von 51 Jahren, an Magenkrebs.

Werke von Mirok Li und der Roman *Der Yalu fliesst*

Zu Lebzeiten wurden außer seiner genannten Dissertation von 1928 ein autobiographischer Roman (Der Yalu fliesst, 1946) und drei Erzählungen (Aufzeichnungen in Mußestunden; Yoshida Kenko, 1948; Das Tosa Nikki, 1948; Japanische

Dichtung, 1949) veröffentlicht. Dazu wurden 37 Beiträge (Erzählungen, Märchen und Aufsätze) in Zeitungen und Zeitschriften gedruckt, deren Inhalt ausdrücklich die koreanische, ostasiatische Weltanschauung und Kultur widerspiegelte. Aus dem Nachlass wurden noch 33 Beiträge in Zeitungen und Zeitschriften und 3 Bücher mit Erzählungen und Novellen (Vom Yalu bis zur Isar, 1982; Der andere Dialekt, 1984; Iyagi, 1996) gedruckt. Diese drei postumen Werke sind vom Germanistikprofessor Kyu-Hwa Chung herausgegeben worden, dem die Übersicht der Werke von Mirok Li zu verdanken ist. Zudem gibt es vier wissenschaftliche Arbeiten als Manuskripte (Koreanische Grammatik; Lehrbuch der Schreibkunst; Der chinesische Philosoph Menzius; der chinesische Philosoph Lyunyü).

Mirok Li hat kurz nach dem Ende des Zweiten Weltkrieges mit dem Roman *Der Yalu fliesst* den Durchbruch als Schriftsteller geschafft. *Der Yalu fliesst* ist ein autobiographischer Roman, in dem er als Ich-Erzähler die Erlebnisse seiner Kindheit und Jugend in Korea beschreibt. Der Roman ist ein ziemlich genaues Abbild seiner Jugend, wie Mirok Li selber im Brief an den Verleger Piper erklärte. So hatte man als Leser die Möglichkeit, ein bis dahin unbekanntes Land in literarischer Form indirekt zu erleben. Die ganze Handlung des Romans verläuft insgesamt in vier Phasen: Seine glückliche Kindheit, die vom Zusammenleben mit dem ein halbes Jahr älteren Neffen beeinflusst war. Darin gibt er vor allem Einblick in die konfuzianische Tradition, die damals in Korea stark gepflegt wurde. Danach kommt die Zeit der gesellschaftlichen Wende in den Mittelpunkt der Erzählung, in der seine Neugierde, Bewunderung und auch Ängste erkennbar werden. Im dritten Teil werden der junge Mirok Li als Medizinstudent in Seoul und der Aufstand der Koreaner gegen die japanische

Kolonialherrschaft vom März 1919 geschildert. Zum Schluss erfahren wir von seiner Fahrt nach Deutschland und der Begegnung mit dem Land, von dem er seit seiner Jugend geträumt hatte.

Es ist schon vorstellbar, dass die im Roman erzählten Geschichten, die eindeutig von einer unbekannten Kultur geprägt sind, für die damaligen Leser in Deutschland fremdartig geklungen haben müssen. Aber dennoch hat die fremde Lebensart und Kultur bei den Lesern große, positive Resonanzen hervorgerufen, wie es in mehreren Kritiken nachzulesen ist. Als der Roman 1946 erschien, wurde am 12.06.1946 in der SZ eine Kritik über den Roman wie folgt geschrieben: „Die Begegnung des Ostens mit Europa ist das überpersönliche Problem des Buches. Aber die eigentliche, die inwendige Gegenständlichkeit findet sich in dem aus unbeirrbar östlicher Weisheit unbetont vortretenden Charakter des Erzählers selbst – in seiner würdigen, die Noblesse eines Stils enthaltenden Art, die Begegnung von Ost und West für seine Person zu vollziehen: nämlich diskret, mit höflichen, ja kaum spürbaren, aber tiefsinnigen Vorbehalten..." (Willhelm Hausenstein). Deutlich wurden bei der Kritik die zwei Aspekte: die Persönlichkeit von Mirok Li und die Vermittlung einer fremden Kultur in Deutschland. Die erste stand sicherlich mit seinem Wesen im Zusammenhang und die letztere eben als die des Vermittlers einer fremden Kultur.

Ein Koreaner als Vermittler der ostasiatischen Kultur

Mirok Li hat zu den politischen Strömungen der ersten Hälfte des 20. Jahrhunderts oft das Wort von Konfuzius zitiert: "Das Unheil der Menschen ist, dass jeder des anderen Lehrer sein will." Er hielt vor allem eine gewalttätige Reaktion gegen das Unrecht nicht für den richtigen Weg. Vielmehr sah er das grundlegende Problem darin, dass die Menschen von einander zu wenig wissen. Dies wird, meinte er wohl, schließlich dazu führen, dass daraus gegenseitige Missverständnisse, Arroganz und Gewaltanwendungen entstehen. So scheint Mirok Li den Wunsch gehabt zu haben, die eine Welt der anderen Erdseite, von der er kam, hierzulande bekannt zu machen. Dieser Wunsch drückte sich eben nicht in einer belehrenden, sondern in literarisch erzählender Form aus. Mirok Li war so in erster Linie ein deutscher Literat. Mit seinem Schaffen, die die koreanische und ostasiatische Kultur vermittelten, hat er zur deutschen Ausländerliteratur, die heute insbesondere durch die zweite Generation der Emigranten an Bedeutung gewonnen hat, mit Erfolg beigetragen. Darüber hinaus konnte er dank seiner Gelehrsamkeit, die auf den Klassikern der drei ostasiatischen Länder basierte, bei Kollegen und Lesern die zwei Welten, Europa und Ostasien, verständlich und dadurch näher zusammenführen. So dürfte man schließlich sagen, dass der Schriftsteller Mirok Li einer der ersten war, der den Europäern eine Tür zur koreanischen und ostasiatischen Welt geöffnet hat.

Isang Yun: Über (die) Grenze(n)

Walter-Wolfgang Sparrer

Isang Yun wird heute in Nord- wie Südkorea gerühmt, weil er sich für die Wiedervereinigung seiner "durch fremde Mächte"[1] geteilten Heimat aktiv eingesetzt hat. Yun war kein Politiker, sondern Künstler: ein koreanischer Komponist aus Berlin, der in Deutschland und Europa – aber auch in den USA – zur musikalischen Avantgarde gezählt wurde.

Am 17. September 1917 im Süden Koreas geboren und in der Hafenstadt Tongyeong aufgewachsen, erlebte Yun die starke Abhängigkeit Koreas von der japanischen Fremdherrschaft – eine Folge des russisch-japanischen Kriegs, die u. a. bedeutete, dass koreanische Traditionen – einschließlich der koreanischen Sprache und Schrift – weitgehend unterdrückt wurden. Umso verständlicher ist es, dass Yun schon früh als Patriot fühlte und handelte. In seiner Jugend hörte er die Gesänge der Fischer, die Musik in buddhistischen Tempeln oder bei schamanistischen Zeremonien, besuchte Aufführungen umherziehender Musik- und Theatergruppen[2], war fasziniert aber auch durch die "reinen" Choräle christlicher Kirchen, durch westliche Opernarien und Schlager. Während seines Musikstudiums in Japan lernte er mit No und Gagaku dann die beiden wesentlichen Traditionen der japanischen Musik kennen.

Ungeklärt ist derzeit, wann genau Isang Yun in Seoul Musikunterricht nahm. Sein Lehrer war dort wahrscheinlich der Geiger und Komponist Choi Ho-Yong, der aus der Schule des deutschen Marine-Kapellmeisters Franz Eckert (1852-1916) hervorgegangen ist. (Eckert hat in Korea ab 1901 nicht nur westliche Militärmusik, sondern auch westliche Orchestermusik eingeführt und auf seine Veranlassung wurde dort erstmals eine Haydn-Sinfonie aufgeführt.) 1933-36[3] studierte Yun am Osaka Musikinstitut und von Herbst 1938 bis Frühjahr 1941 in Tokyo bei Tomojiro Ikenouchi, der am Pariser Conservatoire ausgebildet worden war und prominente Schüler hervorgebracht hat[4]. 1941-43 wurde Yun zum Arbeitsdienst eingezogen und beteiligte sich an antijapanischen Aktivitäten, für die er inhaftiert und gefoltert wurde.

Nach dem Ende des Zweiten Weltkriegs kümmerte er sich um Kinder und Jugendliche, die ihre Eltern verloren hatten, indem er mehrere Waisenhäuser aufbaute. Er lehrte Musik an verschiedenen Schulen und Universitäten in Tongyeong, Pusan (während des Korea-Kriegs) und Seoul. Nach 1945 war Yun in seiner Heimatstadt Tongyeong auch Mitbegrün-der eines Vereins für koreanische Kultur, der noch heute besteht. 1951 setzte er sich in Pusan für die Gründung eines Vereins für experimentelle (neue) Musik "Shilhom Akhoe" ein. In Seoul versuchte er nach dem Korea-Krieg ähnliche Strukturen aufzubauen.

Die koreanische Periode endete, als Yun 1955 für ein *Klaviertrio* und sein *Streichquartett I* mit dem Seouler Kulturpreis die höchste künstlerische Auszeichnung hielt, die er in seiner Heimat erringen konnte. Die Preissumme benutzte er, um als Komponist in Europa noch einmal von vorn anzufangen. Er studierte zunächst in Paris (1956), sodann in West-Berlin bei Boris Blacher und dem Schönberg-Schüler Josef Rufer (1957-59). Mit den Uraufführungen der *Fünf Stücke für Klavier* (1958) im niederländischen Bilthoven, der *Musik für sieben Instrumente* (1959) in Darmstadt und des *Streichquartetts III* (1959) in Köln setzte eine Karriere ein, deren erste Höhepunkte Werke bildeten, die in Gestik und Gehalten der traditionellen Musik seiner Heimat verpflichtet sind und zugleich über diese hinausweisen:

Orchesterstück *Bara* (1960), *Colloides sonores* für Streichorchester (1961), *Loyang* für Kammer-ensemble (1962), *Gasa* für Violine und Klavier (1963), *Garak* für Flöte und Klavier (1963), Oratorium *Om mani padme hum* (1965), *Réak* für großes Orchester (1966) u. a.

Das Konzept einer Musik, die koreanische und europäische Elemente verbinden könne, hatte Yun schon 1954[5] formuliert, konnte es jedoch erst in Deutschland zu Beginn der 1960er Jahre verwirklichen: Erst die abstrakte Methode zwölftöniger und serieller Techniken ermöglichte ihm auch die abstrahierende Verarbeitung von Stilmerkmalen der traditionellen Musik Koreas und Japans. Yuns Musik geht aus von der ostasiatischen Auffassung des Einzeltons als lang gezogenem flexiblen Verlauf, dem Pinselstrich vergleichbar, mit akzentuierten Vor- und Nachschlägen, Vibrati und einer für unsere Ohren eher ungenauen Intonation. (Der fest umrissene, exakt bestimmte Ton der westlichen Tradition erscheint demgegenüber als punktuelles Ereignis, das sich mit anderen Tönen zu einem Motiv oder einer melodischen Folge zusammen schließen muss, um wahrgenommen zu werden.)

In Deutschland setzte Yun sich aber auch für die Rechte der koreanischen "Gastarbeiter" ein. Und mit dem Militärputsch von Park Chung-Hee im Mai 1961 begann sein politisches Engagement gegen die südkoreanische Militärdiktatur. Dass er 1963 Nord-Korea besuchte, führte am 17. Juni 1967 zu der spektakulären Entführung Isang Yuns und 16 oder 17 weiterer in Deutschland lebender koreanischer Bürger. Sie wurden nach Seoul verschleppt, inhaftiert, gefoltert und in einem politischen Schauprozess der Spionage für Nord-Korea angeklagt. Yun war das prominenteste Oper dieser Aktion und für seine – erst Anfang 1969 mit Unterstützung der Bundesregierung in Bonn erfolgte – Freilassung setzten sich sogar Herbert von Karajan und Igor Stravinskij ein. 1971 nahm Yun die deutsche Staatsangehörigkeit an.

Sein musikalisches Œuvre aber wurde immer deutlicher zu einem Spiegel der koreanischen Geschichte, Kultur und Gesellschaft. Vermittelt durch einen Märchenstoff mahnte er im *Konzert für Oboe und Harfe mit kleinem Orchester* (1977) die Wiedervereinigugng Koreas an. Als 1980 der Volksaufstand in Kwangju blutig unterdrückt wurde, reagierte Yun mit *Teile Dich Nacht* für Sopran und Kammerensemble auf Gedichte von Nelly Sachs (1980) und mit dem Orchesterstück *Exemplum in memoriam Kwangju* (1981). Letzteres wurde 1982 auch in Nord-Korea aufgeführt und stellt den Beginn der nordkoreanischen Yun-Rezeption dar. Seither findet dort alljährlich im Herbst ein Isang-Yun-Musikfest statt. 1985 gründete man das Isang-Yun-Musikinstitut in Pyongyang. 1986 verschaffte Yun mit Aufführungen seines *Konzerts für Klarinette und Orchester* (1981) und seiner *Symphonie I* (1982/83) dem nordkoreanischen Staatsorchester ein Gastspiel beim Warschauer Herbst, einem Festival neuer Musik.

Auch nach Süd-Korea hatte Yun zurückkehren wollen, doch scheiterte die 1994 anlässlich eines Yun-Festivals geplante Einreise dramatisch an seinen guten Kontakten zu Nord-Korea, die in Seoul damals nicht toleriert werden konnten. Der Ton seiner Musik war seit 1984 gleichwohl versöhnlicher geworden. Seine Werke aus dieser Schaffensphase scheinen inspiriert von der Sehnsucht nach Harmonie und Frieden auf der koreanischen Halbinsel. Zu einem konkreten Ausdruck dieser Sehnsucht wurde sein Oratorium "*Mein Land, mein Volk!*" (1986/87) auf Texte oppositioneller südkoreanischer Dichter. Die Bewältigung faschistischer Vergangenheit und die

Sehnsucht nach Frieden formulierte er fast gleichzeitig in seiner *Symphonie V* für hohen Bariton und großes Orchester (1987), erneut auf Texte von Nelly Sachs.

Für Süd-Korea hatte Yun aus seinem deutschen Exil heraus zu Beginn der 1970er Jahre noch die Gründung des Seouler Pan Music Festivals angeregt und mit vorbereitet. Die Entführung und versuchte Ermordung des Regimegegners und späteren Staatspräsidenten (1998-2003) Kim Dae-Jung durch den südkoreanischen Geheimdienst im August 1973 ließ ihn auch politisch wieder aktiv werden. Er gab Pressekonferenzen für Kim Dae-Jung, um die Öffentlichkeit zu informieren, gründete mit Günter Freudenberg das "Forum Demokratie in Süd-Korea", kontaktierte die Sozialistische Internationale und Amnesty International, reiste nach Portugal zu Mario Su3res und sprach mit Willy Brandt. 1976 versuchte der koreanische Geheimdienst erneut – diesmal in einem Hotel in Tokyo – Yun zu entführen, wo er – nicht zu Aufführungen seiner Musik, sondern – zur Vorbereitung einer Konferenz der "Union der Überseekoreaner für Demokratie und Wiedervereinigung" gereist war.

Das Verhältnis zu Süd-Korea blieb – trotz eines kleinen Festivals mit seinen Werken in Seoul 1982 – gespannt. Wenn es auch kein offizielles Verbot gab, seine Musik aufzuführen, wurde sie nicht gespielt aus Angst vor politischen Schwierigkeiten oder beruflichen Nachteilen. Seine südkoreanische Heimat konnte Yun nicht wiedersehen. Nach seinem Tod am 3. November 1995 in Berlin[6] gründeten seine Freunde und Interpreten im Februar 1996 die *Internationale Isang Yun Gesellschaft e. V.* Während in seiner Heimatstadt Tongyeong ein Konzert mit seinen Werken 1994 ohne die physische Gegenwart des Komponisten noch für sinnlos erachtet wurde, konnte dort im

Jahr 2000 ein Musikfestival etabliert werden. 2003 wurde das *Tongyeong International Music Festival* ergänzt um einen Interpretationswettbewerb, den *Gyeongnam International Music Competition*, der jährlich in Tongyeong alternierend als Violoncello-, Violin- oder Klavierwettbewerb ausgetragen wird.

Djong Yun, die Tochter des Komponisten, gründete 2005 die *Isang Yun Peace Foundation* – einerseits, um die Kontakte zwischen Süd- und Nord-Korea zu intensivieren, und andererseits, um sich für Musik Isang Yuns sowie die neue Musik in Korea einzusetzen. Die Yun-Friedensstiftung vergab in Seoul 2007 erstmals den mit 20.000 US-Dollar dotierten *International Isang Music Prize in Composition*.

Während die Aktivitäten um Yun in Korea prinzipiell groß dimensioniert sind, erfährt die *Internationale Isang Yun Gesellschaft e. V.* in Berlin aus Korea so gut wie keine Unterstützung. Für die Pflege des Erbes durch regelmäßige Kurse zur Aufführungspraxis, durch Konzerte junger Solisten, aber auch durch Arbeitsbereiche wie Archiv und Dokumentation besteht in Korea zur Zeit noch kaum Interesse. Isang Yuns Musik ist hochvirtuos und geht an die Grenzen des physisch Ausführbaren. Ist der Kreis der möglichen Interpreten von hier aus bereits eingeschränkt, so erfordert sie zudem einen speziellen Aufführungsstil, der die in Yuns Stil inkorporierte Klangvorstellung und Idiomatik der traditionellen koreanischen Musik berücksichtigt. Die Bindung der Musik an bestimmte Interpreten widersetzt sich ihrer Verbreitung von innen heraus.

Anmerkungen:

[1] Diese Formulierung pflegte Yun gegenüber seinen deutschen Gesprächspartnern zu verwenden, wenn er die Geschichte der Teilung entlang des 38. Breitengrads – eine Folge des Zweiten Weltkrieges und der Auseinandersetzungen zwischen der Sowjetunion und den USA – nicht eigens ausbreiten wollte.

[2] Zu den Musikern dieser Gruppen gehörten ehemalige Mitglieder der traditionellen koreanischen Hofmusik *yiwanjik aakpu*, einer in Seoul ansässigen Institution, die 1936 aufgelöst worden war.

[3] Wir folgen mit diesen Angaben der – von Yun vor dem Druck mehrfach durchgesehenen – Zeittafel in: Heister, Hanns-Werner / Sparrer, Walter-Wolfgang (Hg.): Der Komponist Isang Yun, München: ed. text + kritik 1987, 2. Aufl. 1997, 330f. Eine Aufstellung, die Yun seinem Rentenantrag 1985 beilegte, nennt für das Studium in Osaka allerdings April 1936 bis Februar

[4] Zu Ikenouchis japanischen Schülern zählen u. a. Toshi Ichiyanagi, Maki Ishii, Toshiro Mayuzumi und Makoto Shinohara.

[5] Yun, Isang: *Akkye kusaeng ui che munje* [Überlegungen zu Problemen der koreanischen Musikwelt], in: Munye [Literatur], Bd. 5, H. 1, Seoul 1954, 176-181. Erneut in: No, Dong-Eun (Hg.): Minjok umak 3 [Nationalmusik 3], Seoul 1994, 331-339

[6] Yun wurde in einem Ehrengrab auf dem Landschaftsfriedhof Berlin-Gatow beigesetzt.

빈 그릇 (Leere Schale)

나는 빈 그릇입니다
기쁨만 가득한 빈 그릇 입니다
그대를 다시 뵙기까지
벌써, 천년이,
정처없이, 기약없이 흘렀습니다.
내 혈관으로 깊고 어두운 호흡이 스며듭니다
그대를 다시보고, 그대의 품에 다시 안기고 싶은것은
기쁨과 한숨 입니다.
행복의 호르몬이 칵테일이 되어
내 깊은 속에서 치솟아 올라갑니다.
저 높은 높은 아무것도 없는 곳으로… 없는 곳으로…
나의 빈그릇이, 빈하늘을 바라봅니다.
가슴 속에는 피 한방울도 남아있지 않습니다.

텅 비었습니다.
당신은 가셨습니다.

천년동안 정처없이, 기약없는 곳으로

나의 빈그릇에 평화가 돕니다.
영원히
영원히

Leere Schale

Moon Suk

Ich bin eine leere Schale,
in der nur unbefangene Freude aufgefüllt ist.

Und
wartete Tausende, Tausende Jahre auf Dich,
so dachte ich als ich Dich wieder sah.

Und strömte eine helle, leichte Erregung,
durch tiefen, schwarzen Atemzug in meinem Blut.

Welche Freude
Welch Seufzer

Dich wieder zu sehen
Dich wieder zu umarmen.

Ein Cocktail von Glückshormonen schoss in mir hoch,   so hoch,
das da oben nichts mehr übrig blieb.
Nur Leere...
Meine Schale blickte in den leeren Himmel.
Im Herz gab es kein Blut mehr.

nur Leere...

Du bist gegangen.
Für Tausende, Tausende Jahre.

Frieden in meiner Schale.

Mit der bin ich hallig
Und heilig

So lang
So lang

Sides feud over 'God's land' in Seoul

Choe Sang-Hun

The Yanghwajin Foreigners Cemetery, the most sacred site for Protestants in South Korea, occupies a tree-shaded hill overlooking Seoul's Han River. Usually it presents a peaceful scene, where magpies hopscotch among the tombstones and slow-gaited visitors pause to read inscriptions. But over the past two years, it has become the setting for a highly charged battle between Korea's oldest, and predominantly foreign, Protestant congregation and one of the country's newest.

On Aug. 5, about 2,000 members of a Korean church - established in 2005 to honor the early American missionaries buried here - took over the cemetery chapel and claimed it as their own. They locked out the congregation that was started by those same missionaries 122 years ago and had been holding services in the chapel for the past 22 years.

The young Korean congregation - called The 100th Anniversary Memorial Church - declared it a historic moment, a strike against foreign domination comparable to Hong Kong's 1997 transfer from British to Chinese rule. Its leaders said they had finally reclaimed the holy ground from "foreigners who had turned it into an extraterritorial zone." The 100 or so locked-out members of the Seoul Union Church held their own service in a tent outside the chapel and vowed not to surrender. Said the Reverend Prince Charles Oteng-Boateng, a Ghana-born pastor: "Our church's history is tied to this place. We will keep meeting here until Jesus comes."

He warned that pushing out the expatriates could have negative consequences. "Korea is now trying to turn itself into a country that attracts a lot of foreigners and an international place for foreigners," he said. "For them to do something like this is not right." The Korean church's move came as South Korean Christians in general are facing new scrutiny for their aggressive expansionism, at home and overseas, even in Islamic countries. In July, the Taliban kidnapped 23 South Koreans in Afghanistan on a church-sponsored aid mission and have since killed two of them. A century ago Korea was on the receiving end of Christian evangelists, mostly from the United States. Now, more South Koreans identify with Christianity than any other religion, and South Korea has become the world's second largest exporter of Christian missionaries, after the United States.

The Yanghwajin cemetery is the 117-year-old burial ground for many of these early American missionaries and other foreigners, many of whom are revered by Koreans. Not only did these pioneers spread Christianity, they also fought for Korea's independence from Japanese colonial rule, and founded some of South Korea's oldest and best-known universities and hospitals. But now Memorial Church argues that Christianity in South Korea has come of age and South Koreans should take the lead. And as the larger, and richer, congregation, it says it is in a better position to maintain Yanghwajin. It says the cemetery had turned into a "garbage-strewn, crime-infested urban haunt for juvenile delinquents" under Union Church's care, a charge the foreign congregation rejects as part of a "smear campaign."

"We should establish a new order at Yanghwajin by making it clear who is the owner and who is the visitor," said the Reverend Lee Jae Chul of the Memorial Church, adding that his church was claiming Yanghwajin "not because of nationalism but because this is our land."

"This is a sacred place for the Korean Protestant church," he added. "It should not be controlled by a small group of foreigners who are in this country for their own private interests and have nothing to do with those buried here."

The Union Church, which holds its services in English, ministers primarily to expatriates in Seoul. Only a few of its 150 active members today are directly related to the early missionaries buried at the cemetery. But many feel an attachment to the history represented here and feel they have fallen victim to antiforeign nationalism.

"There is that sense of nationalism or racism that I think still is in the society," said Robert Black, a Union Church member and an American private equity investor who has lived in South Korea for 12 years. "At different times, it comes up in politics, it comes up in business and, unfortunately, it comes up in religion."

Robert Neff, a Seoul-based historian who has studied the early missionaries, said, "You can't talk about Korea's modernization without talking about those buried here."

American Protestant evangelists began arriving in Korea in 1885, a full century behind Roman Catholic missionaries from Europe, who bore the brunt of Korea's early persecution of Christianity. The Yanghwajin Foreigners Cemetery was created in 1890, when one of the early American missionaries, John Heron, died of dysentery at age 34 and the Korean government provided a burial plot at what was then a military outpost.

The graveyard now contains the remains of 550 people from more than a dozen countries. About a third are missionaries and their relatives. Others include Western diplomats, soldiers, educators, musicians and gold miners. Some tombs remain unidentified.

The roster includes names every Korean reads about in school: the American Underwood missionary family, who founded Yonsei University in Seoul; the British journalist Ernest Bethell; and the American author Homer Hulbert. Bethell and Hulbert are honored today for their campaign against the Japanese occupation in the early 20th century.

"My family has been in Seoul since 1885," said Peter Underwood, who has seven family members buried at Yanghwajin, including his father, grandfather and great-grandfather, and has reserved a plot for himself. "I knew from the time I knew what death was that this is where I would be buried," he said.

On a recent sultry summer day, schoolchildren were taking notes as their teacher pointed out the inscription on Hulbert's grave: "I would rather be buried in Korea than in Westminster Abbey."

The graveyard was managed first by foreign diplomats and then by a "European and American Cemetery Association," made up of Union Church members. But it had never been clear who owned the land.

Still, in 1985 the cemetery association "donated" the land to the newly formed Council for the 100th Anniversary of the Korean Church, an interdenominational organization of major Korean church groups set up to celebrate the centennial. The council registered the land under its own name.

In 1986, the council built the chapel at Yanghwajin and let the Union Church, which had never had a permanent home, hold services there and manage the cemetery. In 2005, the council created the Memorial Church, which began sharing the chapel with the foreign congregation.

Before long, the two began accusing each other of mismanagement. They bickered over ownership, parking places, trees cut and signs and monuments removed. Union Church considers the place an active cemetery for foreigners; 37 plots have been reserved and paid for by foreigners who want to be buried here. Memorial Church opposes new interments, insisting that the site be preserved as a historical "missionary park."

Memorial Church's takeover of the chapel on Aug. 5 and declaration that it, not Union Church, would hold the Sunday morning services, was the latest move to assert ownership. Union Church and the cemetery association say they will take the dispute to court.

The feud worries some members of both congregations. "It's shameful, humans squabbling over a piece of God's land," said Lee Kang Pil, 70, a Union Church member who spent most of his life as cemetery caretaker, like his uncle before him.

Kim Seong Kil, a Memorial Church member, said: "This is embarrassing at a time when non-Christians are criticizing churches for what happened in Afghanistan. I hope the two churches can pray together."

『こうして墓というものを生きている者と死んだ者の世界の間のインターフェイスとして理解する事ができます、そこでは規則的な交換と相互の支援が可能となります。』

ハルトムート・コーシク国会議員の挨拶

マルチーン・ハー・シュミット　躓きの（墓）石−企画の説明
ヨェルク・アー・クーン　フランツ・エッケルトの墓碑に就いての注釈
マルチーン・ハー・シュミット　フランツ・エッケルトの墓碑に対する３つの案
ゲフィオン・ヲルフ・イン・フェン・シュイ−大地のエネルギーとその人間に及ぼす作用

ハンス・アレキサンダー・クナイダー　フランツ・エッケルト−韓国国歌の試み

ヘー・セオク・パルク　見知らぬ世界の仲介者：独韓文筆家ミロク・リー

ワルター−ヲルフガング・シュバッラー　ユン・イーサング(未着)

モーン・スク・カング　詩(未着)

コーシク
ドイツと韓国とは久しく友好的に結ばれて居ます。2003年にはドイツ・韓国間の公式外交関係開始の１２０年記念日を祝いました、これはドイツと韓国の間の政府機関による協力の公式な開始を表すものでした。
プロシア王国の音楽局長だったフランツ・エッケルトは、独・韓文化関係を深める初期の時期に代表的な役割を演じました。韓国人のドイツ語とドイツ文化に関する関心とドイツに関する、そしてその歴史全体に関する知識はドイツ人の韓国に関する知識よりも、恒にもっと大きかったし今日尚大きいのです。望むらくは この発表によってもドイツに於ける、数千年に亘る素晴らしい韓国文化に関する、関心の高まりを呼び起こす事に成功します事を。

シュミット
ソウルに在る外人墓地の墓石を修復し維持することで、文化間仲介という重要な活動の故に疑い無く彼に向けられる、尊敬と名誉をエッケルトは経験するでありましょう。同時に此れによってドイツと韓国、ドイツと日本、日本と韓国間の文化交流の記しが革めて置かれるものです。
様式の点ではプロシア王国音楽局長エッケルトの墓の花崗岩墓標は第一次大戦の時期に当り、この作曲家の死没の時期でもあります。墓標の形式も飾りも特別なものではありません。メダルの飾りは高尚な十字形に嵌めこまれていて、これは当時流行のモチーヴです。歴史的な画像材料が無かったので、メダルに使用する飾りとしては先ず第一に苦しむ救世主の描写が考えられるか、または七面鳥の頭あるいは天使の頭またはその他クリスト教の象徴等が考慮に上がります、例えば棕櫚の枝、芥子の束、砂時計または心臓に碇と十字をつけたもの等々。しかしエッケルトの家族の側からの情報が後に確実な事となさしめた事ですが、メダルは故人の肖像画を含んでいます。その上外人墓地に在る石柱の形式とユニークさとは、一義的にドイツで製作されたことを結論させるものです。
此処−ソウルに於いて行動を起こして一つの記しを置く事は、すなわちドイツと韓国双国の間の歴史的な密接な絆にもう一度光を当て、かくて過去への眺望の中で現在の関係をも堅固にする記しでありますが、これはクリスト教の敬虔であると同時に政治的な責任でもあります。
墓石を修復し以って韓国とドイツとの間の良き歴史的関係の読み取れる記念碑を修復するというこの企画には、この理念を支援する多数の方々の賛意が既に寄せられています、それは文化、政治、経済

そして公共の分野からです。墓石の根本的な手入れと修復の後で、次の目標はシンポジウムをソウル
と東京またはベアリーンで開催することであり、そこでは音楽界、言語学および文化からの諸学者
が、欧州とアジア間の文化共存のため、歴史と現状について交流する筈です。

・・・・・・・
クーン

『君の願い、フランツ・エッケルトの為の墓石を修復したいというのは勿論支援に値いします。墓石
そのものは君が既に正しく述べている通り『芸術対象』として何ら特別な物では無く、寧ろその反対
で：石それ自体は絶対にカタログ商品で然も中級品です。加えて其れは１９１６年という時代でも既
に非現代的でした。
そういうオベリスク風の死者の彫像を浮き彫りであしらうという墓石は、晩くとも１８５１年以来実
証されるように、ロンドンの万国博覧会で示された蒸気駆動の石切断機械の導入を通じて、研磨され
た硬岩石からそういう墓石を作るのがとても安くなったので、中産階級でも花崗岩を奮発できたし福
祉的なプロシア国家もそうでした。消えてしまっている浮き彫りを、写真に従って新たに作る事は勿
論最適ではありませんから、特に作らない方がベターでありましょうし、それで問題は有りませ
ん。』

・・・・・・・・
シュミット

彫刻家アクセル・リヒターは１９６０年オールデンブルグに生まれました、彼はハンブルグ州のアン
マースベックに住みそこで仕事しています。
時という砂に埋もれた如くにこの音楽家の彫像は見えるのです。或る素材の上の一義的に高尚な仕事
とか、深く刻み込まれた仕事という様には、リヒターの彫塑を呼ぶ事は出来ません。確信に満ちそし
て明瞭に自分の目標を定めながら、フランツ・エッケルトは我々をいきなり且つ直接に見つめます。
確信が彼の顔の表情にそして彼のまなこに映っています。忘れ去られはしないという確信であり、何
時でも彼のことを思い出す誰かが居るという確信です。 頭髪と顎鬚の彫塑、別して胸像の部分、即
ち衣服此処ではシャツ、襟、ネクタイ上着などに彫塑家リヒターの抽象好みが現れています。これら
の部分が明らかに肖像の自然主義的な取っ掛かりから開放されて、自立性を得て全体を担う円形への
抽象的な過渡を造っています。如何なる遊びの素材惚れも此処には前面に出ておらず、僅かの明瞭な
コテさばきをで以って作り出された古典派音楽家の肖像です。

・・・・・・・・・・
ヲルフ

墓とか墓標はアジア一円で特別な役割を演じます。それらは先祖の里なのです。そして一つの家族は
大抵大きな金額を投じて、先祖の墓所を最適に形成し且つ手入れします。その際単に亡くなった先祖
の人々に尊敬を表す為ばかりではありません。墓を正確に設置して死者を正確に埋葬することが、
広く行渡った想像によれば、残された者たちに彼らの遺伝子の繋がりを保ち−そして先祖の側にとっ
ては後に生きる者たちの命運に指導的且つ随伴的な影響を働かせるものです。
或る家族が一連の世代の支援を確実なものとしているなら、それは好い保護を感じそして其れ相応の
自覚を以って日常の業務に従います。とりわけ先祖がその生存中に幸せを持っていたらそして成功して
いたら尚更です。祖父が嘗て蒔いた物を父親が栽培し息子が刈り取り、その子供達が更なる発展に
用いるという具合です。そしてこれは物質的な財にだけ当て嵌まるのではなく、殊には形而上学的な
レベルにも当て嵌まるのです。
そこで特に有利な標高度と好い気象を持つ場所は、幾多の『気』を『取込む』ことができるので、墓
所として最適な場所です。理想的なケースでは四つの聖なる動物が墓を守ります：背中の甲羅が山状
の黒い亀（北側）、左側つまり東側に緑色の竜が上昇する陽エネルギーとして。右側つまり西側に白

い虎が沈下する平静を見出す陰エネルギーとして、遠景に水面を見ます、幾つかの小さな島が有り輝かしい未来の為の象徴たる不死鳥も有ります。

先祖の霊は新しい場所で好い感じを得るべきですし、彼の子孫と交信する可能性を恒に持つべきです。かくて人は墓を生きて居る者達と死んだ者の間のインターフェイスとして理解する事が出来ます、其処では規則的な交流と相互の支援が可能となります。

クナイダー

フランツ・エッケルトは裁判所官吏の息子として１８５２年４月５日に（シュレージエン地方）ワルデンブルグ近郊のノイローデで生まれました。基礎の学校とブレースラウおよびドレースデンに於ける音楽学校卒業後、彼は先ずナイセに於いて音楽家として兵役を果たします。東京の皇室へ招聘され１８７９年彼は日本へ赴きます。西欧の音楽というものは彼の日本到着当時日本では殆んど知られていませんでした。彼の役割は日本人を見知らぬ音響、見知らぬ旋律そして見知らぬ楽器に近づけることでした。彼はとりわけ最初の公式な日本の国歌を作曲し、２０年に亘る成果に富む活動の後健康上の理由から日本を去ります。病気からの回復後彼は招聘に応じて韓国宮廷に赴きます。１９０２年彼はソウルにて最初の公式な韓国国家を『韓国皇帝国歌』というを表題で作曲しました。歌詞の方は多分ヤング・フワン・ミンという当時のロシア公使だった方のものです。韓国政府が韓国国民に幾多コンサートを催してエッケルトの国歌を馴染ませようと試みますが、国民は其れを受け入れません。テキストが難しすぎ歌が長過ぎたのです。それに旋律も複雑な６分の４という拍で歌うに難し過ぎました。日本軍が１９０５年に韓国を占領し、５年後に韓国軍隊を解散し、此れとともに韓国国歌も忘れられます。かくて韓国国歌の最初の試みは失敗します。それでも韓国はエッケルトに何がしかを負います。つまり彼が最初の人として韓国人にベートーベンやバッハという西洋の音楽家を紹介しました。彼によって創立された宮廷楽団はソウルに於ける公共の公園での祝典行事やプロムナードコンサートの際に、誰からも認められそれ故彼は韓国に住む欧州人の間でも、韓国人達の間でも大変好かれました。事実エッケルトには韓国がとても気に入って、そこに彼は１６年間死ぬまで留まります。彼は１９１６年８月８日に死亡しソウルの外人墓地に埋葬されました。

バルク

ミロク　リーは１８９９年３月８日に韓国中部西海岸沿いの小さな町ハエジュで、これは今日北鮮に属しますが富裕な家族の末っ子として生まれました。１８歳になってミロク・リーは１９１７年ソウルに行きました、医学を修めるためです。彼は韓国の独立の為の大衆デモに参加しました。参加者の強制逮捕に至った時中国を経てドイツへ逃れました。ドイツの彼の居所はウルツブルグ近くの僧院ミュンスターシュワルツアハ、ハイデルベルグそして最期はミュンヒェンでした。そこで彼は動物学を修め１９２８年に博士号を取りました。シナと日本と韓国の言葉と文化に関する彼の該博な知識は、当時ミュンヒェンで教えまた学ぶ人々にとって架け替えの無い貴重な物でした。１９３７年に彼はグレーフェルフィングに移り、主として著述に没頭しました。１９４６年彼の最初の長編小説『ヤル川は流れる』が出版されました、既に４年後に彼は亡くなりました。

ミロク・リーは２０世紀前半の政治の潮流に屢々孔子の言葉を引用しました：『人間の災いは各人が他の人の教師たらんとするにある。』彼はとりわけ不正に対する暴力的な反応は正しい道ではないと考えました。寧ろ彼は根本的な問題とは人が互いに他人を余りに知らな過ぎる所に在ると見ていました。それが結局辿り付く所、そこからして相互の誤解、傲慢さそして暴力沙汰が生じるのであると。かくてミロク・リーは次の望みを抱いていたらしく思えます、すなわち彼自身が其処から来たもう一方の地球側を当地で知らしめよう、と。この願望が説教調ではなく文学的に物語る形に現れました。

ミロク・リーはかくて先ず第一にドイツの文芸家でした。韓国および東アジアの文化を仲介した彼の創作を以って、彼はドイツに於ける外国文学に、然もそれは今日特に亡命者達の第二世代を通じて意義を増していますが、成果を挙げて貢献しました。それ以上に彼は東アジア三つの国の古典に基礎を

置く博学のお陰で、欧州と東アジアという2つの世界を同僚ならびに読者各位に理解させる事が出来ました、そして其れを通じてその2つの世界を更に近づける事が出来たのです。かくて人は最期にこう言えるでしょう、著者家ミロク・リーは欧州人に韓国および東アジアの世界を開いてくれた、と。

敬具

Dr.マルチーン・H・シュミット

후란쯔 애커트 - 이 미륵
문화간의 외교사절 대표들

Franz Eckert - Li Mirok
Botschafter zwischen den Kulturen

하르트무트 코쉬크, 연방의회 의원
Hartmut Koschyk MdB

인사말
Grußwort

한스 알렉싼더 크나이더
Hans-Alexander Kneider

후란쯔 애커트 : 대한민국 황실의 프로이쎈 왕립 악장
Franz Eckert : Königlich Preusischer Musikdirektor am
koreanischen Kaiserhof.

마르틴 H. 슈미트 박사
Dr. Martin H. Schmidt

문화간의 후란쯔 애커트와 이 미륵
Franz Eckert und Li Mirok, Botschafter zwischen den Kultu

요륵 A. 쿤 박사
Dr. Jörg A. Kuhn

1916년경 독일의 소박한 묘석 형성관점
Zur Gestalt einfacher Grabsteine um 1916 in Deutschland

마르틴 H. 슈미트 박사

Dr. Martin H. Schmidt

서울의 후란쯔 애커트 묘비에 대한 신 초상패 초안
헤르만 쭈어 슈트라쎈, 크론베르크 ;
악쎌 리히터 및 리카르다 비아볼, 함부르크
Entwurf der neuen Bildnisplakette für Franz eckerts
Grabstele in Seoul von
Herrmann zur Strassen, Kronberg ;
Axel Richter und Ricarda Wyrwol, Hamburg

강 문숙
Moon Suk Kang

시편
Gedicht

박 희석
Hee Seok Park

이 미륵
Li Mirok

게휘온 볼프
Gefion Wolf

풍수
Feng Shui

하르트무트 코쉬크 저 (Hartmut Koschyk)

독일 연방의회 의원 (Midglied des Deutschen Bundestages - MdB)
독한 의원협회 의장 (Vorsitzender der Deutsch-Koreanischen Parlamentariergruppe)
독한 협회 회장 (Präsident der Deutsch-Koreanischen Gesellschaft)

프로이쎈 왕립 악장 후란쯔 에커트에 대한 "REGADEUR" 발간 인사말
Grußwort für die Veröffentlichung "REGADEUR" über den königlich preußischen Musikdirektor Franz Eckert

독일과 한국은 오래 전부터 친교가 있다. 1883년 11월 26일 최초로 이루어진 통상, 우호 및 항해조약을
통한 독한정부간 협력의 시작은 2003년도 120번째의 공식적인 외교관계 연례기념년을 상징한다.
그러나 한국과 독일은 그 전부터 긴밀한 관계가 있었다. 최초의 공식관계는 경제적 부문에 국한되어
있었다. 그러나 그 관계는 곧 문화적 차원으로 확장되었다. 오늘날의 관계는 전 분야에 최신적인
국가간의 협력을 포괄한다. 독일에서 교육을 받고있는 한국 유학생들이 증명하듯 한국인들의 독일
문화와 언어에 대한 큰 관심사가 그 관계를 형성한다. 처음 상용관계에서 오늘의 광대한 국가간에 모든
협력부문을 총괄하는 관계조직으로 발전됨은 또한 양민족을 깊은 인간관계로 이끌었다.

프로이쎈 왕립 악장이었던 후란쯔 에커트는 집중적인 독한 문화관계 초기에 모범이 되는 인상을
남겼다. 그는 의심할 여지 없이 독일의 작곡가들과 그들의 작품에 대한 경탄의 초석을 한국에 놓았다.
그만큼 이 간행물이 후란쯔 에커트의 삶과 업적에 대해 증정되는 것을 본인은 한층 더 기쁘게
생각한다.

안타깝게도 독한 관계에는 큰 불균형이 존재하고 있다. 한국인들의 독일 언어와 문화에 대한 관심 또한
그들의 독일과 그 역사에 대한 지식은 총괄적으로 항상 그리고 아직 오늘날에도 독일인들의 한국에
대한 지식보다 매우 크다. 한국인들의 수천년간의 오래되고 매혹적인 문화에 대해 독일에 더 강한
관심이 불러 일으켜 질 수 있기를 기대한다. 그 것은 또한 한국이 독일 베를린에서 개최되는
아시아-태평양-주간의 초점국가로서 그리고 후랑크후르트 도서전시회의 중점국가로서 2005년도 한국의
해의 목표이기도 하다. 전제된 간행물 역시 그 목표에 대해 확실히 기여할 것이다. 본인은 매혹적이고
주목할 가치가 있는 문화에 관한 독일인들의 더 강한 의식을 불러 일으키기 위해 이러한 많은 발안이
있기를 희망한다.

경배
하르트무트 코쉬크, 독일 연방의회 의원 (Hartmut Koschyk MdB)

한스 알렉썬더 크나이더 저 (Hans-Alexander Kneider):
후란쯔 에커트 - 한국의 국가 습작
Franz Eckert - Versuch einer koreanischen Nationalhymne

일찌기 그 당시의 조선정부는 조선왕국이 공식적인 국가가 필요하다는 것에 대해 숙고하였다.
1882년 5월 22일 조선이 최초로 외국과 체결한 미국과의 협정당시 찬가 대신 민요 아리랑 (Arirang) 이
연주되었다. 국가가 없는 왕국에 경의를 표하기 위해 미국인들 역시 그 계기를 통해 그들의 찬가 대신
민요 "Yankee Doodle Dandee" 를 연주하기로 결정하였다.

1898년 고위관리 두명이 러시아의 니콜라스 (Nkolas) 제2세 대관식에 참석하였다. 그 의식에 너무
감탄한 두명의 관리는 그 때 대한제국의 고종황제 (Kaiser Kojong) 에게 군악대 창설과 국가의 작곡을
제안하였다. 그 당시 독일 공사였던 바이퍼트 (Weipert) 는 황제에게 독일의 작곡가인 후란쯔 에커트를
추천하였다. 에커트는 이미 국가 분야에 전문가였다; 그는 벌써 일본의 군악대를 지휘하였고 일본의
국가인 "기미가요 (Kimi ka yo)" 를 재편곡 하였다. 그 후 1902년에 에커트는 한국에 왔다.

1902년 그는 한국의 최초 공식국가를 "대한제국 애국가 (Kaiserlich Koreanische Nationalhymne)" 라는
제목으로 작곡하였다. 그에 대한 가사는 필경 러시아에파견 공사였던 민 영환 (Young-Hwan Min) 에
근거할 것이다. 정부는 국민에게 에커트의 찬가가 많은 연주회를 통해 접근되도록 시도하였으나 국민
받아드리지 않았다. 가사가 너무 어렵고 가곡이 너무 같았다. 선율 역시 복잡한 6/4박자로서 부르기
어려웠다. 5년 후 일본인들은 한국군대를 폐지시켰다. 그로 인해 찬가 또한 잊혀져 버렸다. 그렇게 하
한국의 국가에 대한 첫 습작은 실패하였다. 그래도 한국은 에커트에게 감사해야 할 것들이 있다. 그
처음으로 서양의 음악이론을 한국에 도입시켰고 한국인들에게 서양의 베에토벤 (Beethoven) 및 바하
(Bach) 와 같은 작곡가들을 소개시켰다. 실제로 한국은 에커트의 마음에 들었기에 그는 그의 죽음까
16년을 머물렀다. 그는 현재 양화진 공동묘지에 묻혀있다.

장관님 귀하!
각하의 매우 호의적인 28일자 서신의 통보에 따라 황제폐하께서 관대하고 황송하게도 독일제국의
신민인 후란쯔 에커트에게 한국의 국가 작곡과 음악교육에 대한 그의 공로를 인정하시어 제3등
태극훈장을 수여하심에 보존해야 할 영예를 받았습니다. 보내주신 훈장과 임명장은 에커트에게 즉시
인도하였으며 그에게 관대하게 수여된 고등훈장에 대해 황제폐하께 충심과 경외심의 감사를 호의적
표하고 싶음을 각하께 전해드려 달라는 그의 청원이 있었습니다. 그 요청에 응낙하고 또한 독일제국
신민에게 실증된 영예를 동기로 본인 역시 생동하는 기쁨과 충족감을 표하려 하기에 이 계기를 빌어
각하께 대한 본인의 지극한 공경심을 새로이 보증드리는 바입니다.
하인리히 바이퍼트 (H. Weipert)

1903년 1월 6일 서울주재 독일영사였던 하인리히 바이퍼트 법학박사 (Dr. jur. Heinrich Weipert) 는
후란쯔 에커트의 이름으로 그가 수여받은 훈장에 감사하기 위해 한국의 외무부 장관이였던 조 평식
(Pyong-Sik Cho) 에게 이 서신을 보냈다. 그런데 방금 수여받은 이 "독일제국 신민" 은 과연 누구인가
비록 후란쯔 에커트가 35년 이상을 동아시아에서 활동하였으나 원동에는 그의 삶과 업적에 관해 너무
근소한 자료만 남아있다.

후란쯔 에커트는 1852년 4월 5일 법원관리의 아들로 발덴부르크 (Waldenburg (슐레시엔 - Schlesien))
근처의 노이로데 (Neurode) 에서 태어났다. 그는 학창시절을 여러 학교에서 보냈으며 특히 음악학교를
성공리에 마치었다. 브레슬라우 (Breslau) 와 드레스텐 (Dresden) 의 음악대학을 졸업한 후 그는 우선
나이쎄 (Neisse) 에서 군복무를 음악가로 수행했다. 그 기간동안에 그는 빌헬름스하펜 (Wilhelmshaven)
해군군악대 악장으로 초빙받았다. 그러나 그 곳 역시 그가 장기활동을 할 곳이 아니었다. 독일의
해군군악대 행정부에게 일본의 해군군악대에 악장을 제공해야 되는 과제가 주어졌다. 그 운명은
에커트를 맞히었고 그는 1879년 동경에 도착했다.

서양의 음악이 그가 도착했을 당시 일본에는 거의 미지였으므로 외래적 음향, 외래적 선율 및 외래적
악기들을 일본인들에게 접근시키기 위함이었다. 그 분야에 후란쯔 에커트는 의심할 여지 없이 "선구자
로 명시되어야 한다.

1879년 봄부터 후란쯔 에커트는 우선 해군군악대 악장기능을 수행하였으며 그 기간동안 독일의 군악을
일본에 도입했다. 동시에 그는 1883년 부터 1886년 까지 교육에 관련하여 활동하였다. 교육청의 관악
현악을 위한 음악 심사위원회에서 그는 작곡학과 화성학을 담당하였다. 1

888년 3월 에커트는 황실 궁내부의 고전음악 부서로 옮기었고 의식음악에 전념하였다. 1892년부터 1894년까지 그는 토야마 (Toyama) 육군학교의 군악대에서 부가적으로 독일의 군악강사로 근무하였다. 그와 동시에 그는 동경에서 황실궁정 관현악단을 창설하였다. 그의 중요한 과제 중에 하나는 문교성에서 발행하는 초등학교 음악교과서 제1권 및 제2권 편집에 대한 기고에 있었다. 1897년도 그는 황태후 에이쇼 가따이고 (Eisho Kataigo) 의 장례식을 계기로 그때부터 궁정의 추도식에 연주되었던 가곡 "가나시미 노 기와니 (Kanashimi no kiwami - 무한한 고뇌)" 를 작곡하였다. 그럼에도 일본에 가장 크게 영향을 끼친 에커트의 작품에는 무엇보다도 일본의 국가가 포함된다. 1880년 정부에서 받아들인 국가가 존재하지 않았으므로 그는 일본의 해군성으로부터 국가를 작곡해 줄 것을 요청받았다. 어떤 다른 음악가도 무엇인가 자신만의 그리고 영속적인 것을 창조하기 위해 노력했을 것이다. 후란쯔 에커트는 그가 일본의 국가 "작곡가" 일 수 있다라는 다수의 공연에 반하여 그렇게 하지 않았다. 에커트는 많은 일본의 대중적인 선율들을 요청한 후 그 중에서 하나를 골라 유럽의 관악기에 마추어 화음을 조화시키고 편곡을 했다. 소위 기미가요 (Kimi ga yo) 는 동년 11월 3일 텐노 (Tenno) 의 생일을 계기로 황궁에서 최초로 연주되었다. 찬가에 대한 가사는 일본의 시가집인 "고킹슈 (Kokinshu)" 에 근거하며 번역으로는:

천황의 세상이,
천대로,
팔천대로,
작은 조약돌이,
큰 바위가 되어서,
이끼가 낄때까지.

1888년 일본의 국가 총보는 해군성으로부터 발행되어 외국에 공표되었다.

"자연과학 및 민족학 관련 독일협회 보고서" 의 다음 간략한 발췌문이 일본에서의 그의 오랜 활동업적에 대해 그리고 그의 직업관에 관해 독자들에게 시사해 주었다: *"일본에서 독일음악 선구자였던 우리 회원 후란쯔 에커트를 기념하며, 앙드레 에카르트 교수 저 (Prof. Andre Eckardt)" (제21권, 1926):*

"후란쯔 에커트는 간소하고 호평이나 비난을 개의치 않은 채 한밤중까지 업무했으며 기보하고, 신 선율을 안출하고 그리고 빈번히 이른 새벽 4시부터 그의 새로운 하루일과를 시작하였다. 처음에 그는 어려운 악곡을 진척시키는 것이 불가능하였으므로 반주를 새로이 기보하고 군악에 대해 다른 악곡을 편곡할 수 밖에 없었다. 다량의 가곡접속곡, 행진곡, 무용곡 및 찬가가 안출되었다. 그중 독일선율이 중요한 역할을 한 것은 당연하였다. 만일 오늘날 다수의 독일가곡이 일본국민에게 보편적으로 알려져 있다면 그것은 분명히 큰 부분이 그의 공로이다.

80년대와 90년대에 그는 또한 다양한 일본가곡을 작곡하거나 또는 일본가곡을 현대적 기보법으로 번역하여 유럽악기를 위해 화음을 조화시키고 편곡하였다. 특히 언급될 수 있는 것들은:

하루사메 (Harusame - 봄의 소생),
마리우따 히또시또 야 (Mariuta hitots'to ya - 공놀이),
에시고 지시 (Echigo jishi)
가포레 (Kappore - 의상춤)
로꾸단 (Rokudan - 고또 (Koto) 를 위하여)
그와 다양한 행진곡 (해군행진곡 (Port Anthurmarsch) 등), ...

1899년 3월 31일 후란쯔 에커트는 건강상의 이유로 황실 궁내부의 직책에서 물러나고 20년간의 부재 다시 고향으로 떠났다. 그 곳에서 그는 즉시 프로이쎈 왕립 악장의 관명을 수여받았다. 그러나 그는 독일에 오래 머물지 않고 곧 한국으로부터의 초빙에 따랐다.

1883년 11월 26일 저녁 일본주재 총영사인 에두아르드 차페 (Eduard Zappe) 가 조약협상을 목적으로 동반시킨 전함 "헤르타 (Hertha)" 의 능률한 해군군악대는 독한조약 체결의 연회를 계기로 간주곡을 연주하였다. 그 연주가 한국의 관리들에게 그만큼 상응하는 인상을 남겼는지는 분명치 않다. 그러나 확실하게 한국정부는 궁정에 유럽 본보기의 악단을 유지하기로 결정하였다. 그에 대한 지휘자로서 후란쯔 에커트가 선택되었으며 그 것은 일본에서의 오랜 활동과 여러 국가에서 수여한 영예를 통해 그의 명성이 당연히 한국까지 전해들었기 때문이다. 그 후 에커트는 독일에서 곧 서울주재 독일 대변인인 하인리히 바이퍼르트 (Heinrich Weipert) 의 중재를 통해 한국의 황제로부터 궁정악단 창설 유럽악기에 대해 교육시켜 줄 것을 요청받았다. 건강이 회복되자 바로 그 새로운 초빙에 따라 에커트 1901년 2월 19일 한국의 수도에 왔다.

한국에 도착은 하였으나 수세기 동안 폐쇄적으로 격리된 나라에 그 때까지 서양의 음악은 거의 미지상태였으며 그는 동경에서처럼 기초부터 시작해야 하였으므로 그의 과제는 결코 쉬웠지가 않았 그러나 그는 훈련된 일본에서의 경험을 통해 곧 24명의 궁정악단을 창설하였고 유럽악기에 대해 교육하였다. 그 후 그는 몇년내에 음악가의 수를 70명까지 증가시킬 수 있었다.

에커트의 궁정악단 교육에 대한 성과는 대단히 컸으며 그는 정기적으로 궁정의 공식계기에 등장하였 뿐만 아니라 매 목요일마다 모든 거주하고 있는 유럽인들의 흥미를 위해 서울의 파고다 공원에서 연주회를 개최하였다. 그중 그는 자작곡의 행진곡을 더불어 바그너의 전주곡으로 사람들을 즐겁게 해주었다.

서울에서의 활동이 시작되면서 후란쯔 에커트는 곧바로 정부의 위탁에 의해 한국의 국가를 작곡하였으며 그 것은 1902년 7월 1일 초연되었다. 찬가의 가사는 다음과 같다:

주여, 우리 황제를 지켜주옵소서.
성스러운 수명이 무궁하사.
해옥주를 산같이 쌓게 하소서.
위세와 권력을 바다에 떨치사.
오천만 대까지 복이 무궁케 하소서.
주여, 우리 황제를 지켜주옵소서.

그러나 그 국가의 작곡은 너무 어려운 것으로 판명되었으며 더우기 일본과의 합병 이후 기미가요로 대체되어야 했다. 1902년 12월 에커트는 그 작곡을 토대로 또한 궁정악단 교육에 대한 큰 성과로 인 고종황제로부터 제3등 공로훈장을 수여받았다.

악장과 작곡가로서의 활동 외에도 에커트는 또한 한국의 전통음악 탐사에 대한 연구에 전념했으며 고전음악 관청의 기고가로 활동하였다.

궁정악단이 연회의 계기 또는 서울의 공공원 야외음악회에 투입될 때마다 에커트는 모든 사람들에게 호평을 받았으며 그로 인해 한국에 살고있는 유럽인들처럼 한국인들에게도 역시 무척 인기가 있었다.

제1차 세계대전 중에는 에커트에게 그의 비교적 큰 악단을 유지하기 위해 필요한 자유와 수단이 더 이상 주어지지 않았다. 1916년 초기 에커트는 건강상의 이유로 부득이하게 악단의 지휘를 그가 스스 이전에 악단지휘자로 교육시킨 그의 제1 훌롯연주자에게 전달해야 했다.

후란쯔 에커트는 1916년 8월 8일 64세의 나이로 사망했으며 전시임에도 불구하고 한국인들과 마찬가지로 그의 일본에서의 오랜 활동을 잊지 않았던 일본인들의 지극한 경의속에 서울에 있는 (마포구 합정동) 외인묘지에 묻혔다. 의심에 여지 없이 에커트는 그의 큰 신념을 통해 독일음악이 오늘날에도 역시 한국에 결코 근소하지 않은 가치를 차지하는데 기여하였다.

후란쯔 에커트 (1852-1916) - 프로이쎈 왕립 악장 - 동아시아의 서양음악 선구자
Franz Eckert (1852-1916) - Kgl. Preusischer Musikdirektor - Pionier westlicher Musik in Ostasien

마르틴 H. 슈미트 저 (Martin H. Schmidt)

공동묘지와 묘비

남한의 수도 서울에 있는 외인묘지 (마포구 합정동) 양화진 (Yanghwajin) 은 뚜렷하게 광활한 강가를 넘어서는 12백만의 수도 중심의 한강변 작은 언덕위에 있다. 그러나 그 곳은 결코 전원적인 곳이 아니다. 공동묘지의 입구는 기차고가철로 맞은편에 있으며 다차선의 자동차도로는 명백하게 매장지와의 공간적 경계선을 표시한다. 즉히 150년 전부터 유럽의 선교사들과 기독교인들이 그 묘지에서 그들의 마지막 휴식처를 찾는다. 묘지는 근소하게 손질되어 있고 새로운 묏자리는 보이지 않는다. 단지 수직으로 곧추선 묘석과 그 위의 빈번히 읽기에 희미한 글씨가 그곳에 매장된 사람들을 명시한다. 그곳에는 경건한 침묵과 관광 인기물이 무뚝하게 혼합되어 폐쇄된 공동묘지처럼 우울한 분위기가 지배한다. 고향에서 멀리 떨어져 그 곳에 묻힌 사람 중에 하나가 프로이쎈 왕립 악장인 후란쯔 에커트다. 그는 인생의 처음 절반을 독일제국에서 보냈고 다른 절반은 아시아의 일본과 한국의 수도 및 황궁에서 살며 활동하고 두 황궁을 위해 각각 첫 국가를 작곡하였다. 에커트의 묘는 오늘까지도 거칠게 다듬어진 사암받침 위에 간소한 휘록암으로 명시되어 있다. 사각추형으로 위가 뾰족하고 가늘어지는 표면에는 얇은 양각의 양식화 된 십자가가 있고 그 교차점은 본래 원형의 청동장신구으로 장식되어 있었으며 십자가의 측면은 각각 5개사광의 별들이 호위하고 있다. 그 한국의 묘비에는 하부에 다음과 같이 독일어로 된 조문을 읽을 수 있다: "신 곁에 여기 잠들다 (Hier ruht in Gott) / 후란쯔 에커트 님 (Herr Franz Eckert) / 프로이쎈 왕립 악장 (Kgl. preuss. Musikdirektor) / 1852년 4월 5일 출생 / 1916년 8월 5일 사망 / R.I.P. (영령이여 편히 잠드소서 (Requiescat In Pace))"

즉히 50년전 한국동란 당시 중심부의 장식물이 묘석으로부터 떨어져 나왔으며 그 후 분실되었다. 기념물을 찾는 일본군인들이 가능범으로 언급되었으나 청동장신구의 사소한 물질적 가치를 고려할때 저조한 이득을 동기로 한 약탈은 생각할 수가 없다. 그 동안 묘석의 돌아난 흠은 임시적으로 백색의 안료로써 메꾸어졌다. 결과적으로 오늘은 본래 장식품의 결손이 더욱 더 두드러질 뿐이다. 비록 묘석과 석비 장식의 외관을 표명할 수 있는 역사적인 사진자료는 전해지지 않았으나 작곡가의 초상화가 발견되어 고인 손자와의 대화 및 의견을 통해 지금은 석비의 외관에 대한 일치성이 판명되었다.

조선의 나라, 한국

"누구든지 서구 야만인들의 침입에 저항하지 않고, 누구든지 강화협상에 응하면 그 것은 나라를 파는 것과 똑 같다. 우리 자손에게 늘 경고한다. 병인년에 저술 및 건립." (서울 양화진교회 박물관). 조선정부는 1866년 족히 100개의 제명이 새겨진 그런 기념비를 세웠다. 그 것들은 서구 열강에 대한 조선정부 스스로의 무력함과 큰 불신을 표하는 석조상의 증인이며 자국민이 야만인들과 접촉하지 않도록 하기 위한 경고이다.

한국은 반도로서 중국과 일본 사이에 놓여있어 아주 오랜 옛날부터 중앙의 나라와 일본 섬 사이에 모든
종류의 문화 및 통상 교류에 대한 교량이었다. 한국의 총 면적은 약 22만 평방미터로서 대략 구
독일연방국의 크기에 상당한다. 건국 이래 압록강 (Yalu) 과 두만강 및 백두산 산맥이 북방으로
중국과의 자연적 국경을 형성했다. 극 북동쪽으로는 블라디보스톡 근방의 러시아지역이 한국과 경계를
이룬다. 중국과의 관계는 공동국경에 대한 관용과 존중을 위해 한국측이 공세를 지불하는 것을
바탕으로 했다; 중국은 한국인들로부터 큰 형이라고 불리웠다. 그로 인해 영토를 비교하면 비록 근소한
크기의 한국이었으나 두 주권국가 간의 평화와 공존이 보장되었다. 한국의 왕들은 중국과의 왕래에
쓰여질 서임인장과 공식문서에 날짜를 기입하기 위해 중국달력을 제공받았다. 공세제도가 한국경제에
부담은 되었으나 문화적 발전에는 유익하였으며 또한 기본적으로 중국측의 답례가 합의되었고 그에
따라 중국과 한국 사이에 국경을 초월하는 화물교역이 생성되어 1787년 경에는 그 수가 은 3톤에
달했다. 중국측으로서는 꼭 이윤 남는 액수가 아니었을지라도 국경의 평화적 안전을 고려할 때 그 것은
유용한 투자였다.

한국과 중국의 공식회담은 북경에서 개최되었으며 그에 따라 북경은 한국의 외교사절단이 17세기
경부터 유럽세계와 접촉한 곳이기도 하다.

유럽인들은 드물게 조선의 나라로에 길을 잃었다. 두가지 사건을 대표적으로 선택했다: 1653년
네더란드의 상선 선장이였던 핸드릭 하멜 (Hendrik Hamel) 은 폭풍을 만나 그의 선원들과 함께 한국의
가장 크고 최 남단에 있는 제주도에 표착하였다. 그는 13년을 그곳에서 살았으며 훗날 많은 유럽언어로
번역된 여행기에 그 시간은 마치 감금된 것처럼 황폐했었고 마침내 일본을 거친 떠남은 결국 "탈출"
이었다고 기술했다. 그렇게 난파자의 필을 통해서 먼 나라가 유럽에 알려졌으며 그는 한국인이
교만하고 타인의 운명에 대해 냉담하다고 서술했다.

북경으로부터 역시 천주교가 한국에 작용하였다. 이미 1800년도 전에 서품받은 첫 중국의 사제가 한국에
왔으며 1835년 부터 다음 사제들이 그를 이었다. 한국인들은 모든 신의 자손들은 공정하게 취급되어야
한다는 기독교 사상에 특히 매혹된 듯 했다. 1860년에는 한국에 천주교 신자가 약 17000명 정도 되었을
것이다. 그러나 기독교는 한국의 정부측으로부터 억압과 박해를 받았다. 한국의 학자들에게 예수
그리스도가 신의 아들이라는 사고가 전혀 불경스런 일이었고 더욱이 유교적으로 덮여진 나라의 역사에
기독교의 정당성은 없었으며 조상숭배가 단절되는 것은 유교적 시각으로 용납될 수 없는 것이었다.
세기의 전환기 바로 전에 발행된 한국 교과서에 다음과 같은 공식관이 명시되어 있었다: "신 세대의
견해로는 소위 일컫는 유럽인들의 기독교가 야비하고, 천박하고, 허구적이며 그 것이 야만인들의
풍습에서 온 타락의 실레이므로 신중하게 토론되어야 할 가치가 없다."

그럼에도 한국은 외부의 강한 영향력과 내국 지도층의 심한 모순으로 인해 기독교의 부각됨을 억제할
수 없다는 것을 감지했다. 19세기 말엽 한국은 조선 (Choson) 이라는 명칭의 군주국이였으며 500년
전부터 이씨 왕조 (Yi-Dynastie) 에 의해 통치되었다. 수세기 동안의 척벌과 지도층 관리들의 많은 부패는
국가를 손상시켜 국민들로부터 뒷받침을 받을 수가 없었다. 특히 그 무거운 짐을 져야 했던 농민들은
머슴살이와 착취에서 해방되고저 19세기에 몇차례의 봉기를 일으켰다. 그러한 내국의 긴장상태를 노린
유럽의 열강세력과 미국은 침략해 왔고 한국의 항구 앞에서 전쟁전개를 하며 한국에게 간단 명료하게
"우호 및 통상조약을 체결할 것에 대해 강요하였다."

그러나 특별한 종류의 악날한 수단을 행한 것은 상해에 있는 독일 상인이다. 1868년 에언스트 오퍼트
(Ernst Oppert) 는 서방을 위한 한국시장 개방을 스스로가 해적의 수법으로 강요하려 하였다. 오퍼트는
아시아인들의 문화와 관습에 대해 정확하게 알고 있었다. 그는 사망한 황태자 남연 (Namyon) 의 유골을
유괴하여 그 것으로 금전지불을 협박할 것과 긴급협상에 확실한 저당물로 쓸 계획을 작성하였다.
묘총에 도달하였으나 그는 수행원이 묘의 석조벽을 열 수 있는 충분한 장비를 준비하지 않은 이유로
목적을 이루지 못하고 돌아가야만 했다.

황태자의 묘에 관한 교활한 음모는 실패가 되었고 그것은 조선으로 하여금 서방에 대한 제한을 확증시키고 또한 내부적으로의 고립된 정치를 강화시켰다.

한국과 일본의 관계는 완전히 다르게 형성되었다. 한국측은 영속적으로 긴장과 방어태세를 갖추고 있었다. 팽창을 겨냥하는 섬나라 일본은 한국을 단지 다음 전쟁을 위해 가는 대륙으로의 진로에 있는 교두보로만 보았기 때문에 거듭하고 또 계속해서 한국 영역을 합병하고 국민을 탄압하려 시도했고 또한 성공했으며 1910년에도 역시 성공했다.

일본은 이미 1854년에 미국으로부터 영토개방에 대해 굴복당했다. 메이지 (Meiji) 정부 (1868-1912) 는 1868년부터 자국가의 질서를 서구식으로 새로이 형성하는데 관해 신속하고 단호한 결정을 내렸다. 그 와중에 쇼군 (Shogunat) 을 폐위시키고 천황을 다시 중앙적 및 자주적인 주권자로 임관시켰다. 새로운 교육제도의 창립과 군제개편 또한 나라의 산업화를 중심으로 외국의 전문가들이 초빙되었다.

서방의 활성적인 후원으로 일본은 짧은 시간내에 확고한 국가로 성장할 수 있었다. 그 후 일본의 지도층은 내국 일족 유력자들의 통치권 충족을 더불어 시선을 다시 외부로 돌리고 팽창으로 향했다. 시간적인 신속함과 일본의 개혁을 실현시킨 엄격함은 이웃의 한국에게 숙명적인 비운을 초래했다. 한국인들은 너무 오래도록 유능한 황제가 신 덤관 함으로써 자연치유될 것이라고 믿고 또 기대하고 있었다. 그러나 그것은 지체되었다. 일본정부는 이미 중국 (1895) 과 러시아 (1905) 를 중요한 전투에서 물리치고 그에 따른 동아시아의 군사력관계에 새질서를 수반한 후 한국의 통솔취약점을 이용하여 반도를 합병하였다. 1905년 처음에는 한국인에게 치욕적인 보호령으로 그후 1910년 부터는 반도를 완전히 점령하였다.

국가

일국의 성장과정에 있어 국가의 저작 및 그에 따른 단계가 부차적인 관점으로 보일 수 있으나 그럼에도 그것에 관련된 배경은 주목할 만한 가치가 있고 또한 1900년 경 문화간의 교류에 대한 이해를 습작하는데 유용하다. 1882년도 한국과 미국이 해외 무역조약을 체결할 당시 한국은 국가가 없었기 때문에 미국 군악대는 우선 한국의 인기있는 민요 "아리랑" 을 그리고 비동한 민중적 수준상에 있기 위해 미국측의 "Yankee Doodle Dandee" 를 연주했다. 20년 후 한국은 독일의 악장 후란쯔 에커트의 협력으로 국가에 있어 동등한 입장에 설 수 있게되었다.

그 당시는 현대적인 민족국가 개념과 국가적 자주성 지향이 발달되어 가는 시기였으므로 조국의 명예를 찬양하는 가곡가사로 된 국가들이 전 세계에 유포되었다. 그러한 발달은 처음으로 가장 오래되고 확증된 국가로서 1568년에 저작된 네더란드의 고이센찬가 (Geusenlied) "나싸우엔의 빌헬르무스 (Wilhelmus von Nassauen)" 에서 볼 수 있다. 18세기 말에 미국의 "The Star-Spangled Banner" 와 덴마아크의 황제친가가 탄생되었고 가장 고전적 유형으로 꼽히는 것은 역시 1792년에 만들어진 "마르세레즈 (Marseillaise)" 이며 곧 이어 요셉 하이든 (Joseph Hayden) 이 작곡한 오스트리아의 황제친가 및 폴란드의 인기있는 국가 "폴란드는 아직 끝나지 않았다 (Noch ist Polen nicht verloren)" 가 뒤를 따랐다. 19세기 해방전쟁들이 진행되는 동안 남미에서는 잇달아 찬가가 만들어졌고 20세기 초 마침내 아시아권의 나라들이 그 뒤를 이었다. 친가의 가사든 선율이든 만들어지는 계기와 동기는 여러가지이다. 계기는 빈번히 중대한 역사적 사건, 독립선언, 사회적 개혁, 개명, 승리한 전투 등이다. 내용상으로는 군주에 대한 숭배를 표현하며 (황제친가 - Kaiserhymne) 고향 및 자연과 경치에 대한 열정과 신의 (풍경찬가 - Landeshymne) 또는 문화의 결합, 나라 및 민족의 통일서약 (국가 - Volkshymne) 을 나타낸다. 그러나 찬가는 종종 단순하게 의식상 및 기록상의 필연성에 의해 생성되는 경우도 있다. 국가들을 관찰해 보면 그 생성이 다수의 외국 저작자들에게 힘입은 것이고 또한 자국 고유의 음계체제가 종종 유럽식에 반해 물러서는 것이 두드러지며 그런 일이 바로 프로이쎈 악장인 후란쯔 에커트를 통해 일본과 한국에서 일어났다.

일본에서의 에커트 (1879-1899)

후란쯔 에커트 자신에 대해서는 적게 알려져 있다. 1852년 4월 5일 관리의 아들로 노이로데 (Neurode 슐레시엔 - Schlesien) 에서 태어났으며 그의 음악적 재능은 일찍 발견되고 촉진되어 그는 브레슬라우 (Breslau) 와 드레스덴 (Dresden) 의 음악원과 음대를 마치고 그의 군복무를 나이쎄 (Neisse) 에서 음악가로 수행했다. 그 후 그는 해군군악대 악장으로 초빙되어 빌헬름스하펜 (Wilhelmshaven) 으로 갔

일본의 세력있는 사쭈마 (Satuma) 가문의 군악대 악장으로 근무하던 영국인 죤 윌리암 휀튼 (John William Fenton) 의 유럽인 후임자에 대한 일본 해군의 문의에 승낙한 에커트는 독일을 떠나 1879년 동경에 도착하였다. 에커트는 일본에서 20년 동안 근무했으며 처음에는 해군군악대 악장으로, 후에는 문교부와 문공부에서 업무했다. 그는 작곡하고 지휘했으며 일본인들에게 처음으로 서양음악의 외래적 음향, 선율 및 악기들을 접근시켰다. 일본에서의 가장 큰 저작품은 1880년에 그가 편곡한 일본의 첫 공식적 국가인 기미가요 이다. 그 중 에커트의 번안은 1870년 휀튼이 옛 일본의 박자를 토대로 작곡 첫 찬가가락에 기인한다. 휀튼의 가락은 10년 후 황궁 관현악단 악장이였던 히리모리 하야시 (Hirimori Hayashi) 에 의해 일본의 전통적인 속성으로 개곡되었으며 그로 인해 특히 고전적 일본의 현악기인 고또 (Koto) 나 사미센 (Shamisen) 을 통한 일본 음악의 특성을 명백히 표현하였다. 대중적인 일본가 토대로 에커트는 그 번안을 유럽식 관악기를 위해 화음을 조화시키고 편곡하였으며 일본 해군 군악 악장이였던 나까무라 (Nakamura) 의 보조를 받아 현재의 형태로 음조를 바꾸었다. 에커트는 전통적 일본음악에 숙달하였으며 그레고리아니 풍 (Gregorianik) 의 종교선법이 일본식에 가장 근접하다는 것 확신하고 도리스식 (dorisch) 관현악장을 적용하였다. 그렇게 유럽식으로 구성된 악단을 위해 갱신된 수정은 선율을 다시금 소외시켰으며 그 것은 오늘날 일본의 음악을 거의 상기시키지 않는다.

찬가의 가사는 일본의 옛 시대 (기원 후 905년 부터 914년 까지) 의 시기들을 모아놓은 시가집 고깅와가슈 (Kokinwagaschu) 에 근거한다. 그 것에는 1100편의 일본 중세 당시 여러 저자들의 시가가 정리되어 있다. 가사에 대한 저자는 불확실하며 더욱이 찬가 가사에 대한 또 하나의 출처가 본래 근원을 12세기의 시편으로 이전시켜 놓았다.

텐노 (Tenno) 의 생일을 계기로 11월 3일 초연되었으며 8년 후 해군성에서 발행하여 일본의 공식국가 외국에 공표했다.

1899년 에커트는 건강상의 이유로 그의 직책에서 물러나 다시 조국을 향해 베를린으로 떠났다. 그러 그는 그 곳에 오래 머물지 않았다.

한국에서의 에커트

나라의 지도층은 이미 1882년 미국과의 대외관계에 동의한 후 서방의 조언대로 국가의 저작 이행을 원했다. 한국 외교계에서는 특히 러시아 외교관 및 서울 주재 독일 대표인 하인리히 바이페르트 (Heinrich Weippert) 의 중재를 통해 에커트를 주시하고 있었다. 1901년 2월 한국의 황실에서 초빙이 있었다. 에커트의 우선 과제는 궁정악단을 창설하는 것과 한국의 첫 국가를 작곡하는 것이었다. 일본에서의 경험이 유용하였으나 위탁자의 서구식에 대한 기대가 컸음으로 에커트에게는 오히려 그 재 편곡이였던 첫 작곡 보다 어려움을 초래하였다. 그의 일본에서의 경험에 반하여 에커트는 한국에, 전통적인 가사 및 대중적인 선율을 이용하지 않고 새로운 가사 창작에 기초를 두었으며 6/4박자의 자신이 작곡한 선율을 사용하였다. 그 찬가는 1902년 7월 1일 초연되었다. 1902년 12월 고종황제는 그에게 제3등 공로훈장을 수여했다. 그러나 한국의 국가 성과는 폭이 넓지 못했다. 매우 음악을 좋아하는 국민에게 가사가 너무 어려웠으며, 곡이 너무 길었고 더욱이 익숙하지 않은 박자에 부르기 어려웠다. 역사와 정치를 벗어나 에커트는 일본에서처럼 한국에서도 서양 음악의 선구자였다. 그의 가 활동 당시 약 20명의 음악가로 구성된 궁정악단을 에커트는 마지막에 70명의 음악가로 늘릴 수 있었

104

그의 성과는 대단히 컷으며 그는 정기적으로 궁정의 공식 계기에 정기적으로 등장했고 매주 서울의 파고다 공원에서 자작곡의 행진곡을 더불어 바하, 바그너 및 베에토벤의 작품들을 일정에 실은 연주회를 실시했다.

제1차 세계대전 중에는 외국인인 에커트에게 그의 큰 악단을 운영하기 위해 필요한 자유와 재정적 수단이 더 이상 주어지지 않았다. 1916년 초 그는 건강상의 이유로 악단의 지휘를 넘겨주었고 1916년 8월 5일 에커트는 사망했으며 그는 15년동안 한국에 살면서 공헌했다. 전시임에도 불구하고 그는 한국측과 일본측의 지극한 경의속에 서울에 있는 외인묘지에 묻혔다. 의심에 여지 없이 오늘날까지의 한국과 일본의 독일음악과 작곡가에 대한 큰 존경심은 에커트의 큰 신념을 통해 이룩된 선구자의 역할에 기인한다.

일본 지배하의 한국

20세기 초 한국은 내정과 외정에 있어 큰 문제들과 대질되었다. 일본의 중국 (1895년) 과 러시아 (1905년) 에 대한 전승으로 인해 한국은 1905년의 보호령협정 체제하에 그 당시 압도적인 일본으로부터 통제받기 시작했다. 그 협정에 의거하여 일본은 한국의 외정, 내정, 경찰 및 군사, 화폐 및 은행, 통신 및 모든 중요한 기능을 통제하였다. 그 결과로 한국 군대는 해제되었고 한국인들에게 일본의 문화를 씌웠다; 엄격한 조처의 위협하에 한국의 언어와 이름이 금지되었다. 그와 관련하여 역사의 각주로 표현될 수 있는 에커트의 한국의 국가가 일본의 기미가요 (Kimi ga yo) 로 대체되면서 잊혀져 버렸다. 한국의 합병으로 인해 모든 관리들의 직위가 해제되고 일본 관리들로 대체되었다. 그에 따라 큰 무리의 실직된 궁정관리들이 생겨났고 그들은 결국 거지가 되거나 막일꾼 또는 하등품 판매원으로 나라안의 도시나 지방에서 고용살이를 하였다. 뮌센에서 고인이 된 한국의 작가 이 미륵은 그의 소설 "압록강은 (Der Yalu fließt) 흐른다" 에 일본 합병 당시 고향에서의 어린시절에 대해 기술하였다. 그는 손세공된 대나무피리 구매 장면을 서술하면서 깊은 감명을 주었다. 이 미륵은 한 구매자에게 예전의 궁정관리가 팔려고 내놓은 대나무피리들의 품질을 시험하고 보통으로 질이 낮게 만들어진 피리들 중에서 가장 좋은 것을 골라주었다. 젊은 이 미륵의 품질 판단력에 놀란 상인은 오래된 최고질의 피리를 꺼내어 더해가는 즐거움에 젊은 이 미륵과 함께 전통적인 선율로 한국 두곡 잇달아 붙여 댔다. 이 미륵은 여기서 전통적인 악기 수제업이 일본에 의한 궁정의 강제적 서구화로 잃어버려 졌고 이제는 서양의 악기들을 수입하고, 판매하고, 연주하는 것에 대해 선호하는 것을 암시했다. 그것은 명백히 에커트의 빛나는 선구자 업적에 대해 감춰진 이면이다.

묘석

서울 외인묘지의 묘석에 대한 복원과 수리에 있어 에커트는 그의 중요한 문화간의 중재자 역할을 대면해 볼 때 의심할 바 없이 경의와 영예에 대한 권한을 느낄 것이다. 동시에 독일과 일본 및 한국의 문화교류에 새로이 점을 찍을 것이다. 양식 평가상 프로이센의 악장 에커트 묘의 휘어암 묘석 생성시기는 제1차 세계대전 당시 작곡가의 사망연도 시기로 정할 수 있다. 묘석의 형태와 장식은 진기하지 않다. 양각의 십자형에 맞춰 넣은 치장된 원형의 메달장식은 그 당시 통상적인 동인이였다. 사진자료가 제공되어 있지 않기 때문에 우선은 예수의 수난 또는 칠면조 머리, 천사의 두상, 기독교의 상징은 종려나무 가지, 양귀비풀, 심장 및 닻과 십자가 등이 고려의 대상이 될 수 있다. 그러나 가내의 정보를 통해 그 원형 장식에는 고인의 초상화가 삽입되어 있었다는 것이 확실해졌다. 더욱이 외인묘지의 묘석 양식과 단일성은 명백하게 독일 베를린에서 제조한 것으로 결론짓게 했다. 그 본래의 외관은 원상 복구되어야 하며 복구 과정은 기록되어야 한다. 그 것은 기독교의 경건함과 동시에 정치적인 책임에 대한 문제이며 여기 서울에서 활동하고 또한 일 점을 찍는 것은 독일과 한국 두 국가 사이의 역사적으로 친밀한 관계를 다시 한번 빛내고 그에 따라 과거에 대한 통찰력으로 현재의 관계 역시 강화시키기 위함이다.

<u>현재까지의 노력 - 전망</u>

한국과 독일의 친밀한 역사적 관계에서 볼 수 있듯이 묘석 및 기념비의 원상 복구에 대한 기획은 지금까지 많은 인사들을 통해 개념적인 후원을 받았다; 그중 서울의 베네딕트 교단 신부 "최 (Choi)", 제주의 정년퇴임 주교, 그외 다수 한국의 개인 및 사업가. 반면 수락했던 것을 곧 이어 격하게 거절하는 사례도 있어 언급한다.

피아노를 공부하는 아들과 함께 유학방문차 독일에 머물렀던 한 한국인 사업가는 복구 이념에 대해 처음에는 열광적으로 지지했었다. 한국에 돌아가 그는 분명히 시간을 내어 에커트의 삶과 업적에 관해 광범위하게 몰두하였을 것이다. 아무튼 그는 곧 기획에 대해 다음의 표현과 함께 명료하게 거절을 전했다: "서울에는 아무 소식도 없습니다. 자 그러면 저의 견해를 말씀 드리겠습니다. 독일에서 돌아와 저는 귀하께서 주신 후란쯔 에커트에 대한 기사를 읽었습니다. 결국 저는 그가 일본 제국 특히 황실을 위해 많은 일을 했다는 것을 알게 되었습니다. 그것은 그가 일본의 천황 가문에 매우 우호적 이었다는 것을 뜻합니다. 역사적으로 말하자면 그들은 우리나라 사람들 또한 중국인들에 대해서도 너무 나쁜 짓을 많이 했습니다. 더욱이 그들은 그들이 한 짓에 대해 사죄하지도 않았습니다. 그점에 있어서 저는 그들을 정말로 중오합니다. 한달 전 한국의 여당 당수였던 "신 (Shin)" 은 그의 아버지가 1940년경 일본의 육군 헌병대 하사관이었던 사유로 사임했습니다. 고로 제 조심스러운 짐작이지만 어느 한국사람이든 그 사실을 알게되면 마음이 내키지 않을 것입니다. 경배 (2004년 9월 16일)."

이러한 견해는 혼자가 아니며 한국 국민 대다수가 느끼는 것과 일치하기에 원 용어대로 표기하였다. 원칙적으로 보면 이러한 개인적인 마음가짐과 시각은 당연히 이해하고 존중해야 되겠지만 그럼에도 묘석의 복구는 이행되어야 하며 한국과 독일 또 국가간의 이미 100년이 넘는 문화간의 교류에 대한 긍정적인 시각이 더 중요하다는 것을 강조해야 한다. 그리고 이 기획을 실현시킴으로써 장래에도 참작되어야 한다.

<u>이 미륵 (Mirok Li)</u>

이 기획은 이차적으로 독일 뮌센 (München) 에 있는 교두보 이 미륵 (1899-1950) 을 통해 확장이 가능하였다. 이 미륵은 지금의 북한에 있는 해주에서 태어나 일본과의 합병 당시 처음에는 서울에서 의학을 공부하였다. 의학서적이 알려진 것처럼 대부분 독일어로 저술되었기 때문에 이 미륵은 모국어인 한국어 외에 공용어인 일본어 및 서적을 이해하기 위해 독일어를 배웠다. 그에 따라 젊은 이 미륵에게는 독일에 대해 알고싶은 희망이 싹트기 시작했다. 대학생 데모에 참가했던 이유로 1919년 조국과 가족을 떠나야 했기에 우선 기차로 중국의 수도인 북경으로 피신했다. 일년 후 그는 중국여권을 부여받았으며 그 것으로 선박을 이용해 프랑스를 거친 독일로의 여행이 가능했다. 뮌센에서 그는 학업을 지속하였으며 1928년 박사학위를 수여받았다. 그 당시 그는 그의 어린시절과 청소년기에 대해 집필했다. "압록강은 흐른다 (Der Yalu fließt)" 라는 제목의 저작이 그의 첫 작품 중에 하나이며 1946년 아직 미국의 보호령 당시 뮌센의 피퍼 (Piper) 출판사가 간행했다. "독일어로 저술된 올해의 최고 서적은 외국인이 집필했다: 이 미륵" 이라고 논평은 평가했다. 자서전식의 서술은 일본과의 합병 당시 한국의 정치적 배경을 비추었으며 그 것은 바로 에커트가 한국에 살며 활동할 때이다. 이어지는 이 미륵의 작품들은 "압록강 에서 이사강 까지 (Vom Yalu an die Isar)", "가지각색 신발", "일본 시편" 이며 특히 EOS 출판사에서 간행했다. 1947년 부터 1949년 까지 뮌센 대학에서 한국어와 중국의 문학 및 시편에 대해 강의 했다. 그는 독일에 도착한지 30년 후인 1950년 3월에 사망하였으며 그 시기는 그의 고향을 하룻밤 사이에 전세계에 공표했던 한국전쟁이 발발하기 바로 3개월 전이었다.

베를린의 독한협회와 서울의 한독협회는 그에 대한 기념을 유지하기 위해 노력하고 있으며 독한관계에 적극적으로 참여하는 사람에게 정기적으로 이 미륵 상을 수여하고 있다. 1990년대 독한협회의 회원들은 이 미륵의 묘비를 전통적인 한국 양식으로 세울 것을 발안했다.

그로 인해 한국에 전통적 한국식의 화강암으로 된 묘석장식이 주문되었고 마침내 1997년 뮌헨 근처의 그레휠링 (Gräfeling) 에 있는 그의 묘 앞에 세워졌다. 그로써 이미 뮌헨에서 실행 된 것은 서울에 있는 에커트의 묘비 복구에 실제적인 본보기로 평가될 수 있다. 이 미록의 묘와 관련된 긍정적인 경험은 후란쯔 에커트의 묘비 복구에 호의적이고 확고한 토대가 될 것 이며 또한 실현을 격려해 줄 것이다.

시간상 묘석의 기초적인 손질과 복구 (2005) 후 에커트의 90번째 사망기념일과 관련하여 2006년 서울과 동경 및 뮌헨에서 음악학자, 언어학자 및 문화학자들이 함께 모여 유럽과 아시아의 문화적, 역사적 또한 현재 상황에 대해 교류할 수 있도록 학술회를 개최할 수 있다. 첫 시작은 이미 한국이 주최국으로 초대받은 이곳 후랑크후르트의 도서전 (2005) 에서 준비할 수 있다.

뮌헨, 2005년 1월

참고 문헌 (Literatur)

에커트 (ECKERT) :

클락, 도널드 N. : 양화진 : 서울 외인묘지 : 역사 안내, 1890 - 1984, 서울 1984
Clark, Donald N. : Yanghwajin : Seoul foreigners' cemetery : an informal history, 1890 - 1984, Seoul 1984

에카르드, 앙드레 : 우리회원 후란쯔 에커트, 일본에서의 독일음악 선구자에 대한 기념,
　　　　　동아시아권 자연과학 및 민족학 관련 독일협회, (제21권), 동경 1926
Eckard, André : Unserem Mitgliede Franz Eckert, dem Pionier deutscher Musik in Japan zum Gedächnis,
　　　　　Deutsche Gesellschaft für Natur- und Völkerkunde Ostasiens, (Band XXI), Tokio 1926

하워드, 케이트 : Re : 한국의 국가
Howard, Keith : Re : Korean national Anthem,
　　　　　http://koreaweb.ws/pipermail/koreanstudies-kkoreaweb.ws/2000-July/002698.html

크나이더, 한스-알렉산더 : 한국 거주 독일 국적자, A 부터 B 까지 (1998),
　　　　　상동, 저작자에게의 통보 (2004)
Kneider, Hans-Alexander : Deutsche Staatsangehörige in Korea von A bis Z (1998),
　　　　　http://www.ivk-info.org/nrl17/lvk-17eckert.htm,
　　　　　ders., http://maincc.hufs.ac.kr/-kneider/Liste.htm,
　　　　　ders., Mitteilungen an den Autor (2004)

멘케, 미샤엘 : 서울에 있는 독일 묘
Menke, Michael : Deutsche Gräber in Seoul
　　　　　http://www.lvk-info.org/nr17/lvk-17friedhof.htm

외국인을 위한 독일어 제17장 (2003) 한국 편준인 협회
Deutsch als Fremdsprache : DaF-Szene Nr. 17 (2003) Lektoren-Vereinigung Korea
　　　　GS (?) http://www.koreaheute.de/spezial.htm

상동, 한국의 국가 역사 (10/2002)
　　　　　홍보 및 문화공보실 / 대한민국 대사관, 베를린
ders., Die Geschichte der koreanischen Nationalhymne (10/2002)
　　　　　Presse- und Kulturabteilung / Botschaft der Republik Korea, Berlin

상동, 이름난 한국인
ders., Bekannte Koreaner
　　　http://www.lvk-info.org/nr20/lvk-20bekannte.htm

국가 (NATIONALHYMNEN) :

라고자트, 울리히 : 세계의 국가, 후라이부르크 1982
Ragozat, Ulrich : Die Nationalhymnen der Welt, Freiburg 1982

역사 (GESCHICHTE) :

그리휘스, W.E. : 은자의 나라 한국, 뉴욕 1897
Griffis, W.E. : Corea, the hermit Nation, New York 1897

한 종 수 : 대한민국과 독일 연방공화국의 관계 1948 - 1986, 후랑크후르트 1991
Han, Jong-Soo : Die Beziehungen zwischen der Republik Korea und der Bundesrepublik Deutschland
　　　1948 - 1986, Frankfurt u.a. 1991

하멜, 핸드리크 : 조선 왕국에 대한 하멜의 일지 및 서술 : 1653 - 1666, 서울 1994
Hamel, Hendrick : Hamel's Journal and a description of the Kingdom of Korea : 1653 - 1666, Seoul 1994

클라이너, 유르겐 : 돌길 위의 한국, 베를린 1992
Kleiner, Jürgen : Korea - auf steinigem Pfad, Berlin 1992

오퍼트, 에언스트 : 폐쇄된 나라 : 한국 여행기 ; 지리, 역사, 국가 생산물 및 통상관계, 국민의 언어 및
　　　풍습에 대한 기술 포함, 라이프찌히 1880
Oppert, Ernst : Ein verschlossenes Land : Reisen nach Corea ; nebst Darstellung der Geographie,
　　　Geschichte, Produkte und Handelsverhältnisse des Landes, der Sprache und Sitten seiner
　　　Bewohner, Leipzig 1880

상동, 동아시아 여행기 : 인도, 중국, 일본 및 한국에 대한 서술 및 회상, 슈트트가르트 1898
ders., Ostasiatische Wanderungen : Skizzen und Erinnerungen aus Indien, China, Japan und Korea,
　　　Stuttgart 1898

이 미륵 (MIROK LI) :

이 미륵 : 압록강은 흐른다, 뮌첸 1946
Li, Mirok : Der Yalu fließt, München 1946

이 미륵과 고향 : Koreana, 본 1999, 제1권, 99년, 제8면
Mirok Li und Heimat, in : Koreana, Bonn 1999, Heft 1, Jg. 99, S. 8f.

이 미륵 탄생 100주년 기념식, 식사 : Koreana, 본 1997, 제2권, 97년, 제39면
Gedenkfeier zum 100. Geburtstag von Mirok Li. Festvortrag, in : Koreana, Bonn 1997, Heft 2, Jg. 97, S. 39

이 미록 : 한국인 독일작가 : 친교의 성과, 100년 간의 한독관계, 본 1984, 제41면
Mirok Lee : Ein Koreaner als deutscher Schriftsteller, in : Bilanz einer Freundschaft,
100 Jahre deutsch-koreanische Beziehungen, Bonn 1984, S. 41

친애하는 마르틴,

후란쯔 에커트의 묘석 복구를 실현시키고자 하는 귀하의 관심사는 당연히 후원 할 가치가 있습니다. 귀하께서 이미 정확하게 보신 것 처럼 묘석 자체는 "예술물" 로서 특이함이 없고 오히려 그 반대입니다: 그런 종류의 암석은 완전히 중급의 목록품입니다. 그 것들은 더욱이 1916년 경의 유행이 아닙니다. 그 당시의 유행은 패각석회로 된 개량묘석으로써 신 고전주의의 형식인용구, 소극적 건축조각, 청동으로 된 부드러운 선의 활자 들을 이용했습니다. 묘비문이 오래되어 이미 대부분 훼손되었거나, 지워졌거나 또는 다른식으로 무용하게 된 영묘들은 알려졌 듯이 1900년 무렵과 그 이후부터 후란쯔 에커트의 묘비처럼 그러한 손질하기 쉬운 묘석기둥으로 대체되었습니다 (예를 들면 베를린 쉐네베르크 (Großgörschenstraße 12, Berlin-Schöneberg) 의 오래 된 "성 마테우스 성당 (St. Mattäus-Kirchhof)" 에 있는 성인들 묘지의 4개 묘석, 야콥 (Jakob), 빌헬름 (Wilhelm), 헤르만 (Hermann) 및 루돌프 그림 (Rudolf Grimm)).

초상화 양각의 기둥묘비 장식은 늦어도 1851년 부터라는 것이 확증되었으나 (런던의 세계박람회에서 선보인 증기가동 암석절단기의 도입으로 인해 그렇게 마무리가 된 묘석의 제조비가 매우 줄었고 그에 따라 중산층 또한 배려 깊은 프로이센 국가도 화강암을 구입할 수 있었음), 그 것은 당연히 더 오래 된 바록식 및 고전주의식의 묘비문으로 거슬러 올라가고, 그 장식형태는 다시금 로마식의 고대로부터 이어졌으며, 그 당시에는 고인의 원형 초상화 양각으로 석관덮개의 정면을 장식했을 뿐만 아니라 부유한 시민들 및 자유민들의 "영묘" 에도 그러한 장식이 부착되었습니다 (예를 들면 아피아 가도 (Via Appia) 부근). 분실 된 양각을 사진대로 재생하는 것이 당연히 최적이지 못하긴 하지만 않하는 것보다는 나을 것 같으니 잘 될 것입니다.

그러나 귀하께서 보시듯이 저는 묘석에 관해 많은 말씀을 드릴 수가 없으며 그 이유는 1916년 경의 묘석에 대한 탐사는 1900년 후의 묘석 개량술에 대한 탐사로써 후란쯔 에커트의 묘석을 위하는 것이 아닐 것 같습니다.

경배, 요록 (Jörg)

강 문숙 (Moon-Suk Kang)   시편 (Gedichte)

낯선 세계의 중재자:
독한 작가 이 미록 (1899-1950)
Vermittler einer fremden Welt:
Der deutsch-koreanische Schriftsteller Mirok Li (1899-1950)

개요

세계가 점점 좁아지면서 문화적 교류는 그 어느 때 보다도 더 중요해졌다. 우리 모두에게 풀어야만 할 큰 과제가 주어졌으며 그 것은 인간이 서로 다른 역사적, 사회적 및 문화적 배경에 대해 어떻게 함께 대처할 수 있는가에 있다. 미래에 대해 가능한 답은 흥미롭게도 자주 과거가 주기에 본인은 이제 뒤를 돌아보려 한다. 뮌센 대학의 독문학자인 이엄가르드 아커만 (Irmgard Ackermann) 은 1992년 독일 *문학사전* 에다 "외국인 문학" 에 대해 기고했는데 그 것들은 독일 문학이었으나 저작자들의 모국어는 독일어가 아니었다. 그러면서 독일에 80년대부터 그러한 붐이 현저하게 증가하고 있음을 밝혔다. 그 중에 그녀는 그런 현상의 선행자로서 저명한 두개의 이름을 언급했다; 독일의 중요한 낭만주의자 중의 한사람인 프랑스인 아델베르트 폰 샤미쏘 (Adelbert von Chamisso / 1781-1838) 와 여러나라에서 살면서도 독일어로 저술하여 문화적 명성을 떨친 불가리아에서 이주한 엘리아스 카네띠 (Elias Canetti / 1905-1994) 이다. 그 외에 아커만은 그 선행자들에 속할 수 있는 잘 알려지지 않은 이름을 하나 더 언급했는데 그가 바로 한국인 이 미록 (Mirok Li / 1899-1950) 이며 그는 1920년에 한국에서 독일로 와 1950년도 그의 죽음까지 뮌센 부근에서 살았다. 이 미록은 그의 어린시절과 청소년기 또한 한국에서의 삶에 대해 기억하며 독일어로 저술했다. 그의 문학적 저작은 아주 명백하게 한국과 동아시아의 문화에 뿌리내렸음을 보여준다. 그로 인해 독자들에게 그 때까지 전혀 접촉이 없던 두개의 낯선 세계를 접근시켰으며 그 것이 아마 문학의 길을 통해 두개의 멀고도 낯선 세계를 이해하는데 대한 시작이었을 것이다. 그 중재자의 본명은 이 의경 (Ui-Gyong Yi) 이었으나 그는 상해에 있는 중국의 관청에서 여권을 발급받아 그 증명서에는 중국식 발음의 한국이름 이 이킹 (Yiking Li) 으로 바뀌어 적혀있었다. 훗날 그는 독일에서 우리에게 알려진 것처럼 스스로를 그의 필명인 이 미록 (Mirok Li)으로 바꾸어 불렀다.

이 미록의 한국에서의 삶 (1899-1919)

이 미록은 1899년 지금의 북한에 있는 한국 중부지방의 서해안 부근에 있는 작은 도시 해주에서 부유한 집안의 막내로 태어났다. 그의 집안은 그 당시 상류층에 속해있어 그는 옹호된 어린시절을 보냈다. 유교적 미덕을 바탕으로 한 가정교육에서 그에게 무엇보다 소중했던 것은 배움이었다. 그는 이미 어렸을 때부터 전통적인 사립학당에서 중국 고전에 대해 배웠고 소년시절에는 그 것을 다 외울 정도였다. 전통적인 한국식 교육은 10세 때까지 받았으며 그 당시 까지는 한국이 아직 공식적으로 왕권체제 하에 있었다. 1910년 이 미록은 11세 되면서부터 유럽의 학문을 접할 수 있는 신식 학교를 다니기 시작했다. 일본으로부터의 식민지화로 도입된 새로운 학교는 그의 시야를 동아시아권에서 넓은 세상으로 확장시켜 주었다. 그가 서술했듯이 특히 그를 사로잡은 것은 많은 신 지식이 전해져 온 유럽대륙이었다. 1917년 이 미록은 18세가 되자 의학을 전공하기 위해 서울로 갔다. 그러나 1919년 그가 3학년 때 전국에서 폭동이 일어나 그는 학업을 끝 마칠 수가 없었다. 그 것은 1919년 3월 1일 한국의 독립을 위한 조직적인 대반란이었다. 그 운동에는 나라의 정신적인 지도자들 뿐만 아니라 대학생들과 학생들도 참가했으며 그 중에 그도 역시 속해 있었다. 참가자들에 대한 강제적 구속이 시작되자 그는 곧 고향으로 돌아갔다. 가문에 외아들이 구속될 것에 대해 염려한 그의 어머니는 그가 나라를 떠날 것을 요구했다. 그는 중국과 한국 사이에 흐르는 압록강을 건너 중국으로 도피했으며 그 후 유럽으로 가기위해 상해로 갔다. 1919년 3월 1일의 반란운동과 한국의 참가자에 대한 일본정부의 추적이 바로 이 미록이 고향을 떠났던 역사적인 뒷 배경이었다. 그가 독일에 오게된 것은 그의 어머니가 진로를 터주었던 것이며 그 이유는 어린 아들이 학교시절부터 독일에 대해 열광했기 때문이라고 이 미록은 그의 단편소설에 서술하였다. 1920년 봄에 이 미록은 상해에서 중국여권을 부여받고 중국유학생 신분으로 독일에 왔다.

이 미륵의 독일에서의 삶 (1920-1950)

이 미륵의 독일에서의 첫 거처는 뷔르쯔부르크 (Würzburg) 부근에 있는 뮌스터슈바르짜나하 (Münsterschwarznach) 수도원이었다. 그는 그 곳에 8개월 동안 머물면서 무엇보다도 독일어를 배웠다. 1921년 그는 여름학기 부터 뷔르쯔부르크 대학(에서 의학을 전공하기 시작했으나 질병의 사유로 곧 중단했으며 그 후 1923년 하이델베르크 (Heidelberg) 로 옮겼으나 그 곳에서도 일년 후에 학업을 중단했다. 그는 선천적으로 건강이 불안정했으며 그로 인해 계속되는 수학연한에도 학업을 항상 중단할 수 밖에 없었다. 1925년 부터 그는 뮌헨 (München) 대학에서 동물학을 전공했으며 1928년에 박사학위를 수여받았다. 일반적으로 알려졌듯이 뮌헨에서의 수학시기는 독일이 불안한 시대였다. 그래도 그의 유작은 그가 철학부의 교원들과 활성적인 관계를 유지한 것에 대해 시사했다. 그러한 정신적인 교류는 그의 청소년기 교육을 통해 동아시아의 세계관에 관심있는 학자들에게 적절히 중재되었다. 이 미륵이 동료들에게 동아시아의 철학에 대한 원천이었다는 것은 근거없는 주장이 아니다. 중국과 일본 그리고 한국의 문헌과 문화에 대한 그의 광범위한 지식은 그 당시 뮌헨의 교원들이나 학생들에게 귀중한 가치가 있었을 것이다. 그 것은 또한 훗날 이 미륵이 다룬 중국과 일본의 문헌에 대한 저술을 통해 들여다 볼 수 있다.

이 미륵은 개인적으로 처음에는 매우 빈곤한 환경에서 살았다. 한국으로부터 송금받는 것이 그 당시 어려워졌기 때문이다. 학업을 마친 후 그는 규칙적인 직장이 없었으며 드물게 있는 학술지의 번역 및 중국서예에 관한 개인교수를 통해 약간의 돈을 벌었다. 그 것은 1931년 까지 지속되었으며 그 후 싸일러 교수 (Prof. Seyler) 의 가족을 알게되어 영접받았다. 그 가족은 그 당시 아직 뮌헨에 살았으나 1937년 뮌헨 부근의 그레휄링 (Gräfeling) 으로 이전했으며 이 미륵은 1950년도 그의 죽음까지 그 곳에서 살았다. 그 가족과의 공동생활은 그의 삶에 전환점이었다. 그 때부터 그는 집필에 전념할 수 있었다. 그는 30년대와 40년대에 설화, 동화 또한 각종의 신문과 잡지에 논설을 썼다. 그레휄링의 싸일러 가족 주변에는 그 외에도 지식인들과 예술가들이 있어 그는 그들과 정기적인 문화모임을 조성할 수 있었다. 전쟁이 끝난 후 이 미륵은 뮌헨 대학에서 얼마동안 중국문헌과 한국언어에 대해 강의하였으나 그 것 역시 중병으로 인해 포기했어야만 했다. 그가 사망하기 4년전인 1946년도에 피퍼 (Piper) 출판사로부터 그의 자서전식의 소설 압록강은 흐른다 (Der Yalu fliesst) 가 간행되었다. 독자들과 평론가들의 호의적인 반응으로 그는 독일에서의 삶에 대해 소설 속편을 집필하기 시작하였으나 그는 단지 50면의 단락만을 남겼다. 이 미륵은 1950년 51세의 나이로 위암에 걸려 사망했다.

이 미륵의 저작들과 소설 압록강은 흐른다

1928년의 박사논문 외 그의 생전에 자서전식인 소설 (압록강은 흐른다 (Der Yalu fliesst), 1946) 과 3개의 편집물 (태평한 시간의 기록문: 요시다 켕꼬 (Yosida Kenko), 1948; 도사 니키 (Das Tosa Nikki), 1948; 일본 시편, 1949) 이 간행되었다. 그 외에 37개의 기고문 (설화, 동화, 논설) 이 신문과 잡지에 실렸으며 그 내용은 한국과 동아시아의 세계관 및 문화를 명시적으로 반영했다. 그의 유작 중에서 또한 33개의 기고문이 신문과 잡지에 실렸고 3권의 설화와 단편소설 (압록강 에서 이사강 까지 (Vom Yalu bis zur Isar), 1982; 다른 방언, 1984; 이야기 (Iyagi), 1996) 이 간행되었다. 이 3개의 유작품은 정 규화 (Kyu-Hwa Chung) 독문학 교수님이 간행하였으며 그분께 이 미륵의 저작품에 대한 일람에 감사드린다. 그 외에도 4개의 학술지 원고 (한국 문법: 서법 교습자: 향국의 현인 맹자 (Menzius), 중국의 철학 논어 (Lun Yu - Lyunyü)) 가 있다.

이 미륵은 제2차 세계대전 이후 곧 그의 소설 압록강은 흐른다 로 작가로서의 돌파구를 찾았다. 압록강은 흐른다 는 자서전식의 소설이며 그가 일인칭 화자로 한국에서의 어린시절과 청소년기에 겪었던 것에 대해 서술했다. 그 소설은 이 미륵 스스로가 출판업자 피퍼에게 서신을 통해 표기했듯이 그의 청소년기에 대한 정확한 묘사이다. 그에 따라 독자들은 그 때까지 알려지지 않았던 나라에 대해 문학을 통한 형태로 간접적인 경험을 할 수 있다.

소설의 줄거리는 총 4단계로 진행된다: 자기보다 나이가 반년 위인 조카와의 공동생활에 영향을 받았던 그의 행복했던 어린시절. 그 속에 그는 무엇보다도 그 당시 한국에 중요하게 간직되어 온 유교적 전통을 열람시켰다. 그 다음의 시기는 사회적 견환이 묘사의 중점이며 그 것에 대한 그의 호기심과 경탄심 또한 두려움이 표현되어 있다. 세번째 단계에 이 미록은 서울에서의 의학도 시절과 일본의 식민지 지배에 반해 1919년 3월에 있었던 한국인들의 반란에 관해 서술했다. 마지막으로 우리는 그가 독일로 오게 된 것과 어렸을적부터 염원했던 나라와의 만남에 대해 알게된다. 충분히 상상할 수 있는 것은 소설속에 서술 된 설화가 마지의 문화에 대해 명백한 인상을 남겼으며 그 당시 독일의 독자들에 낯설게만 여겨졌을 것이다. 그러나 그 낯선 생활양식과 문화는 독자들로부터 크고 긍정적인 반향을 불러 일으켰으며 그 것은 많은 논평을 통해서도 참조되었다. 1946년도 소설이 간행되었을 때 1946년 6 12일자 신문에 다음과 같은 소설에 대한 논평이 씌어졌다: *"동양과 유럽의 만남은 개인을 초월하는 문화의 문제이다. 그러나 사실상의 내면적인 객관성은 확고한 동방의 지혜로서 강세없이 진출하는 서술자 자신의 인격에 있으며 또한 품위있고 기품의 형이 함유된 방식으로 동양과 서양의 만남을 스스로에게 완성시키는데 있다: 즉 신중하고, 공손하고, 감지하기 힘들 정도로, 그러나 사려깊게 제재하여.."* (빌헬름 하우센슈타인 (Willhelm Hausenstein)). 논평에서는 두가지의 관점이 명백해진다: 이 미록의 인품과 독일에서의 낯선 문화에 대한 중재. 첫번째는 당연히 그의 본체와 관련되어 있고 그 다음은 낯선 문화의 중재자로서이다.

동아시아의 문화에 대한 한국인 중재자

이 미록은 20세기 첫 절반의 정치적 흐름에 대해 자주 공자의 말을 인용했다: "인간들의 재앙은 누구나 상대방에게 스승이 되기를 원함에 있다." 그는 무엇보다도 부당함에 반해 폭력적인 반응은 옳은 길이 아니라고 생각했다. 오히려 그는 근본적인 문제가 인간들이 서로에 대해 너무 적게 알고있기 때문이라는 것을 인지했다. 그에 따라 그 것이 결국 서로간의 오해와 오만 또한 폭력행위를 낳게 한다라는 견해를 갖고 있었다. 하기에 이 미록은 아마도 그가 온 지구 한편의 다른 세계를 이 곳에 알릴려고 희망했을 것이다. 그 희망은 바로 가르침이 아닌 문학적 형태의 서술로 표현되어 있다. 고로 이 미록은 우선 독일 작가이다. 그의 한국과 동아시아의 문화에 대한 중재적 창작으로 그는 특히 오늘날 이주자 2세들을 통해 가치를 얻은 독일의 외국인 문헌에 성공적으로 기여했다. 더욱이 그는 동아시아의 3개국 고전에 관한 그의 학식을 통해 동료들과 독자들에게 두개의 세계 유럽과 동아시아를 분명하고 한층 더 밀접하게 접근시킬 수 있었다. 결론적으로 작가 이 미록은 유럽인들에게 한국과 아시아 세계에 대해 첫 문을 열어 준 사람들 중에 한사람이었다고 말할 수 있다.

마르틴 H. 슈미트 박사 저
서울의 후란쯔 에커트 묘비에 관한 신 초상패 초안,
헤르만 쭈어 슈트라쎈, 크론베르크; 악쎌 리히터 및 리카르다 비어볼, 함부르크

Dr. Martin H. Schmidt
Entwurf der neuen Bildnisplakette für Franz Eckerts Grabstele in Seoul von
Herrmann zur Strassen, Kronberg; Axel Richter und Ricarda Wyrwol, Hamburg

게휘온 볼프 저 (Gefion wolf)

음 풍 수 - 인간에게 미치는 지형의 힘과 영향
Yin Feng Sui - Die Energie der Erde und ihre Wirkung auf den Menschen

아시아 시계의 묘지형성과 조상숭배

묘와 묘비는 아시아 지역에서 특별한 역할을 한다. 그 것들은 조상들의 거처이다. 한 가문은 선조들의 묘지를 최적으로 조형하고 돌보기 위해 대부분 상당한 금액을 투자한다. 그 것은 고인들에 대해 단지 경의를 표하고자 하는 것 뿐만이 아니다. 정식의 묘지 설치와 면밀한 시신의 매설은 널리 보급되어 있는 관념이며 그로 인해 유족들은 그들의 유전적 혈통과 접촉을 유지하고 그리고 조상들은 생존인들의 운명을 이끌고 동행하는데 대해 영향을 주는 것이 가능하다.

전 가계의 후원에 대해 확신할 수 있는 가문은 보호감을 느끼며 또한 그에 상응하는 자부심으로 일상 용무에 임한다. 그 것은 선조들이 생전에 행운이 있었고 성공했을 경우 더욱 그렇다. 조부가 한번 뿌리 씨는 아버지가 재배할 수 있으며 아들은 수확하여 그의 자식들에게 이어지는 확장을 위해 활용하는 것이다. 그 것은 물질적 재산에 대한 것 뿐만 아니라 특히 형이상적인 면에 대해서도 역시 적용된다.

칸유 (Kan Yu) 의 이론

중국에는 조상숭배에 관해 이미 선사시대 때 부터 독특한 이론이 발달되었다. 그에 대한 첫 명시는 신탁 구성에서 밝혀졌고 그로부터 상당히 후에 서면상의 문서를 통해 그 이론이 칸유라는 명칭으로 알려졌으며 그 것은 "천체의 운행" 이라고 표기될 수 있다. 천체의 이동과 지형의 특정한 조짐 및 과정을 통해 학당의 지관은 묘지에 대한 최고의 장소와 실행을 약정하고 최선의 장례 시기를 예측했으며 시신을 의식에 맞추어 정확한 규범에 의한 자세로 매장할 것에 대해 명시하였다. 장례가 지난 후에는 일정한 간격으로 지관에게 묘지에 관해 감시해 줄 것과 조형물의 올바른 상태를 유지시켜 줄 것에 대해 청원하는 것이 통례였다. 그러한 것에는 자연히 큰 비용이 요구되었으므로 대개 부유한 상류급의 가문이나 그 자금을 조달할 수 있었다. 칸유는 비교적 정선된 전문 지식이였으며 실제적인 적용과 실행은 가능한한 비밀화 되었고 대부분 단지 지관의 학당 내에에서만 구두로 전수되었다.

풍수 및 장법서

시간이 지나면서 장례법에 관해 다른 표현이 통용되었으며 그 것은 기원 후 3세기 때 중국 문헌의 고전인 "장수 (Zang Shu)", "장법서", 에 처음으로 출현했다: 풍수 (Feng Shui). 작가 구오 푸 (Guo Pu - 기원 후 276-324) 는 그의 저작에 올바른 묘소에 관한 근본적인 요인들을 서술했다. 그중 중심적으로 요구되는 것은 장소가 충분히 올바른 기 (Qi) 를 소유하고 있는 것이며 - 그 것은 삶의 활력으로써 단지 모든 유기체로부터 영속적으로 생산되고 유포되는 것 뿐만 아니라 무기체 물질의 내면과 전 우주에도 또한 존재하는 것이다. 이러한 기 개념이 우리 유럽인들에게 그렇게 낯선만큼 아시아인들에게는 그만큼 지당하다. 기가 없는 곳에서는 아무것도 번성할 수가 없다. 모든 발전과 모든 과정은 기를 필요로 하며 그 기가 좋으면 좋을 수록 성취된 성과는 더 좋아진다.

한 장소의 지형이 호의적이고 풍토가 좋아 많은 기를 "붙잡을 수" 있으면 그 곳은 최적의 묘지로서 적합하다. 고인은 생전에 충분히 기를 공급하며 "작동했던" 신체를 더이상 소유하고 있지 않기 때문에 그는 이제 최대한의 기를 섭취하기 위해 상응하는 새로운 "거처" 가 필요하다. 조상의 영혼이 그의 새로운 자리에서 편안해야 하며 또한 그 곳에서 그의 후손들과 연계하는 것이 항상 가능해야 한다. 고로 묘지는 생존인들 세계와 고인들 세계 사이의 교차점으로 해석될 수 있으며 그 곳에서는 정기적인 교류와 서로간의 협조가 가능해진다.

113

자리의 본질을 평가하기 위해 풍수지관은 많은 기술적인 전문지식과 오랜 경험이 있어야 하며 다소의 기본적인 원리에 대해 명석해야 한다. 구오 푸는 장수에 "기"는 "바람에 의해 흩어졌다가 물에 의해 저지된다고" 서술했다. 그 것이 풍수론의 중심적인 정립이며 정의이다. 그에 따라 한 장소는 기가 사라지지 않도록 바람, 중국의 "뭉", 에 너무 노출되어 있으면 안된다. 다른 한편으로 기를 묶어 자리에 저지시킬 능력이 있는 물, 중국의 "수", 이 존재하면 그 것은 유리하다.

그러므로 풍수는 그릇되게 유포된 것처럼 바람과 물에 대한 학론이 아니고 기의 자연적인 움직임에 대한 지식이며 또한 그 것을 한 장소로 붙잡아 들이고, 이끌고, 모아서 조상들에게 유용하도록 하는 가능방법이다. 상당히 후에 비로소 생존인들의 거주지 형성에도 풍수원리가 활용되었다. 여기 역시 우선적으로 부자나 세력가들만이 풍수지관을 탕용시킬 수 있었다. 그런 경우 그는 또한 대다수의 가문에 가정의사와 유사한 기능이였으며 그 이유는 전문가가 단지 커다란 건물의 변경에 대한 자문에 추천되지 않았기 때문이다. 기는 생동하는 용건으로써 단순히 한 장소에 지속적으로 가두어 놓을 수 없기 때문에 토지와 건물을 최적의 상태로 유지하기 위해서는 더더욱 정기적으로 "재 조정" 되어야만 했다. 황궁의 관리들처럼 고위층의 인물들에게는 "사유"의 풍수지관이 있었고 그들은 대개 독점적으로 업무하며 점술가 또는 가계 점성가의 직책도 맡았다. 충분히 알려져 있었던 것은 올바른 기가 얼만큼 건설적, 강화적 그리고 활력적으로 영향을 끼치며 또한 기가 부족하거나 부적합한 장소에서 오래동안 지체하는 것이 얼만큼 무력하고 권태롭게 할 수 있는지 이다. 그에 따라 풍수는 점점 더 특히 귀족계 및 군사계의 권력다툼에 활용되고 동시에 악용되었다.

<u>과소 평가된 음풍수</u>

오늘날 다소의 작가들은 음풍수와 양풍수를 구분한다. 두개의 대립적인 힘 음과 양은 사건의 영구적인 순환속에 어두움과 밝음, 깊음과 높음, 느림과 빠름, 고정됨과 움직임, 조용함과 소란함, 여성과 남성, 현세와 천국 - 또한 마지막으로 열거될 수 없는: 죽음과 삶의 원리를 대변한다.

무엇보다도 서양에는 풍수가 80년대 중반부터 비로소 널리 공공연하게 알려졌기 때문에 음풍수를 더욱더 생존인들의 관심사와 연관시켰으며 특히 가옥의 건축과 토지의 구성을 위함이 주장되었다. 그에 반해 음풍수는 많은 것을 우선 묘 및 공동묘지와 관념적으로 연합시키며 그 것은 오늘날 우리 서양문화에 상당히 근소한 역할을 한다. 그렇기에 음풍수는 우리 나라에서 대부분 전적으로 무시된다.

그 중에 못 들여다 보는 것은 음풍수와 양풍수를 단순하게 구분하는 경우 시신을 매장시키기 위한 최적의 묘지 시설에 관해 음기, 대지의 정기, 의 본질이 매우 중요하다는 것이다. 그에 반해 가옥을 건축할 때는 그 것의 활성, 진보 그리고 성공을 위해 현저하게 양기, 천공의 정기, 에 집중한다. 그러나 가옥의 형성이든 묘지의 형성이든 결국 근본원리는 항상 동일하다.

<u>직관물로서의 고전적 아시아 공동묘지</u>

누구든 지형의 기를 어떻게 평가하는지, 그 것을 토지를 위해 어떻게 붙잡고 주민들에게 어떻게 "유용하도록" 만드는지에 대해 이해하기를 원한다면 대만이나 홍콩에 있는 오래되고 고전적인 공동묘 중의 하나를 방문하여 유명인사들의 묘지를 직관해야 한다. 그 묘지들에는 현대적인 부동산 중개자의 마음을 설레게 하는 모든 것들이 갖추어져 있다.

장점의 목록은 쾌적하게 울창한 초목으로 둘러싸인 완만한 경사면의 손쉽게 건축할 수 있는 지대부터 시작된다. 그러한 지세에 있는 건축부지나 묏자리는 시선을 흡족하게 하며 자신이 노출되지 않는 전망을 마련해주고 또한 무성하게 뒤덮혀 있어 지반이 비옥하며 동시에 잘 보호되어 있다는 것을 알려준다.

114

그러한 자리는 겨울에 찬 바람을 막아주고 태양열을 축적할 수 있어야 된다고 풍수지관은 얘기한다. 그에 반해 여름에는 언덕과 나무들이 너무 강한 열기의 형성을 저지하고 가볍고 시원한 미풍이 신선하게 해주어야 한다.

거북, 용, 호 및 봉황 - "4개의 신성한 동물들"

묘는 4개의 "신성한 동물" 로부터 보호받을 수 있도록 지형에 맞추어 설치되어야 한다. 중국인들은 그 묘를 둘러싸고 있는 지형을 그 것들에 따라 명명한다. 그로 인해 최적의 장소는 항상 뚜렷하게 배후가 보호되며 그 것은 대부분 두드러지게 높은 언덕 또는 산을 배경으로 압제적인 느낌이 않들도록 하여 묘의 시설이 뒤쪽으로 안정성 있게 설치한다. 그러나 그 산은 묘의 북쪽에 있어 태양 빛을 막지 않고 찬기와 바람으로부터 보호해준다.

중국인들은 그러한 형성을 "흑거북" 이라고 칭한다. "흑색" 은 상징적이며 가장 조용하고 가장 어두운 방향을 가리킨다 - 즉 후방이다. 그리고 거북은 은유적으로 그 방향에 대한 기의 원리를 뜻한다: 천천한 움직임, 장수성, 튼튼함, 신뢰성, 안전성.

그 중에 기가 어떻게 산형으로부터 형성되고 이끌어지는지가 결정적으로 중요하다. 우리는 송풍관 속의 자동차를 생각할 수 있다: 납작하고 맵시있는 곡선의 유선형 차체는 세련되게 보일 뿐만 아니라 알려졌듯이 유동저항가 (CW-Wert) 를 향상시켜 휘발유 소비를 감소시킨다. 또는 - 풍수 용어로 표현해서 - 기가 쉽고 문제 없이 표면 위를 미끄러져 힘이 적게 들고 또한 그 것에 따라 그 것이 유연한 굽이를 타고 가볍게 미끄러지듯 곧바로 묘소까지 오게 하는 것이다. 결론적으로 산의 형성은 부드럽고 완만한 곡선과 완벽한 기의 흐름으로 이루어져 있어야 하며 그로 인해 그의 "거북 임무" 가 완수된다.

자리의 왼쪽과 오른쪽을 이어지는 완만한 구릉들이 호위하며 그 것들은 측면을 보호하되 시야를 가로막지 않는다. 묘에서 바라볼 때 왼쪽의 구릉을 "청룡" 이라 칭하며 그 것은 최적의 동쪽에 있고 상승하는 남성적 활력의 기로써 사물을 움직이게 하는 것을 가리킨다, 즉 양성이다. 여기서 "청색" 은 다시 은유적이며 대단한 성장력으로 자라나는 어린 나무가지의 힘에 대해 상기시키기 위함이다.

오른쪽에는 "백호" 가 형성되어 있으며 그 것은 가능한한 묘의 서쪽에 위치한다. 그 곳에서는 기가 하강하고, 느려지고, 견고해지며 그 것은 소위 숨어서 거의 안 보일 정도로 ("백") 인 상태의 먹이를 노리는 범과 같다. 이 형성은 음성이다. 두개의 측면 언덕 역시 호의적인 곡선으로 이루어져 있어야 하나 가능한한 다른 모습으로써 음과 양을 시각적으로도 또한 보완해주어야 한다.

그러나 묘소가 비로소 완벽해지는 것은 보호적인 지형 형성 외에도 또한 물과 멀리를 바라볼 수 있는 전망이다. 묘의 정면에 있는 물은 "장법서" 에 서술된 것처럼 기를 "붙잡는다". 고로 물은 그냥 흘러가지 않고 해만, 호수 또는 강굽이에 모여야 된다. 멀리에는 작고 낮은 섬들이나 유연하게 경계를 이루는 지형이 보여야 하며 그 것들은 시선의 "표지점" 이 되어 "봉봉" 이라 표현된다. 봉황은 찬란한 미래, 홍색은 불의 색깔과 행운에 대한 상징이다.

그 최적의 외관 형세 내에서 풍수지관은 루오 팬 (Luo Pan) 나침반과 다른 보조도구로 고인의 기와 자리의 기에 대해 최후로 몇몇 중요한 정밀조정을 행한다.

그러한 자리들은 기로부터 호강시켜졌고 또한 드물게 찾아볼 수 있으며 그 것들은 우리 서양에서 호화저택을 위한 최고의 지세로 교섭될 것이다. 그러나 고전적 아시아의 해석으로서는 바로 조상들이 그러한 우대된 장소들에 "거처" 하는 것이 지당했으며 그 이유는 그 것이 "세대 협약" 의 한 부분이기 때문이다: 선조들이 최고의 기를 받으면 그들은 후손들에게 행복하고 성공적인 삶을 보증한다.

Abbildungsnachweis:

Titelbilder: Historische Aufnahmen von Franz Eckert ©Lektoren-Vereinigung Korea, Seoul, Li Mirok ©Dr.-Mirok-Li-Gedächtnis-Gesellschaft, Seoul und Yun Isang ©Internationale-Isang-Yun-Gesellschaft e.V., Berlin

Seite 2f: Historische Aufnahme Der Hafen von Chemulpo (Incheon), 1902

Seite 6f: Historischer Holzschnitt *Kuanin*, Korea

Seite 16: Historische Aufnahme der Grabstätte Franz Eckert auf dem Foreigner Cemetery, Seoul (Korea), wohl um 1920

Seite 36f.; Koreanisches Kartenspiel Hwatu oder Go Stop

Seite 38: Grabstätte Franz Eckert auf dem Foreigner Cemetery, Seoul (Korea) ©Martin H. Schmidt 2003

Seite 42: Entwurf zum Grabmedaillon, Hermann zur Strassen, Kronberg/Ts. ©Martin H. Schmidt 2007. Entwurf zum Grabmedaillon, Axel Richter, Ammersbeck/Hamburg ©Martin H. Schmidt 2008

Seite 56: Porträtfotos Franz Eckert, wohl um 1910. Titelblatt der 1. Koreanischen Nationalhymne ©Lektoren-Vereinigung Korea, Seoul

Seite: 66: Porträt Li Mirok ©Dr.-Mirok-Li-Gedächtnis-Gesellschaft, Seoul (Korea). Grabstätte Li Mirok auf dem Städtischen Friedhof Gräfelfing (bei München) ©Martin H. Schmidt 2004

Seite 76: Porträt Yun Isang ©Internationale-Isang-Yun-Gesellschaft e.V., Berlin. Grabstätte Yun Isang auf dem Landschaftsfriedhof Gatow (Berlin-Spandau) ©Martin H. Schmidt 2008

Seite 84: Faksimile "Leere Schale" ©Moon Suk, Berlin

Seite 122f.; Historischer Holzschnitt, Grundriss eines Gelehrtenhauses, Korea um 1755

Umschlagrückseite: Entwurf zum Grabmedaillon, Axel Richter ©Martin H. Schmidt 2008

Die Autoren

Sang-Hun Choe (Seoul)
Journalist, International Harald Tribune

Moon Suk (Berlin)
Fernsehmoderatorin und Allroundkünstlerin, Schauspielerin,
Sängerin (Sopran), Synchronsprecherin und Dichterin

Hans-Alexander Kneider (Seoul)
Lektor (DaF, LvK), Historiker

Hartmut Koschyk MdB (Berlin)
Vorsitzender der Deutsch-Koreanischen Parlamentariergruppe
Präsident der Deutsch-Koreanischen Gesellschaft

Dr. Jörg A. Kuhn (Berlin)
Kunsthistoriker

Hee Seok Park (Berlin)
Germanist und Philosoph

Dr. Martin H. Schmidt (Oberursel/Ts.)
Kunstwissenschaftler, Kurator

Dr. Walter-Wolfgang Sparrer (Berlin)
Musikwissenschaftler

Gefion Wolf (Planegg b. München)
Feng-Shui-Master und Journalistin

Impressum

Regardeur im Internet: www.curator4art.de
© 2008/2010 Dr. phil. Martin H. Schmidt
61440 Oberursel/Ts., Zimmersmühlenweg 73
Tel: 06171 703 661
eMail: info@curator4art.de

ISSN 1861-0919
ISBN 9-783837-025064
Regardeur Heft 3 / 2010^2

Herausgeber: Martin H. Schmidt (V.i.S.d.P.)

Das Gedicht von Moon Suk "Leere Schale„ erschien zuerst in: "Moon like Moon" Wolken Verlag 2004 (Druckfreigabe und Übersetzung durch die Künstlerin selbst)

2. Auflage: 2010

Gestaltung durch den Herausgeber und Helena Lee-Schmidt
Herstellung und Verlag: Books on Demand GmbH, Norderstedt

Regardeur III

Schriftenreihe für Kunst | Künstler | Betrachter

Regardeur

Schriftenreihe für Kunst | Künstler | Betrachter
Herausgegeben von Martin H. Schmidt

Heft Nr.1 Fritz Best Kronberg – neu gesehen (2004)

Heft Nr.2 Schaffenskraft Migration – Angelina Gradisnik (2007)

Heft Nr.3 Franz Eckert – Li Mirok – Yun Isang.

             Botschafter fremder Kulturen. Deutschland – Korea

Heft Nr.4 Wilhelm Kieger – Tierbildhauer und Professor

             (1877 Norderney - 1945 Herrsching) (2010)

Heft Nr.5 Angelina Androvic Gradisnik – The Essential (2010)

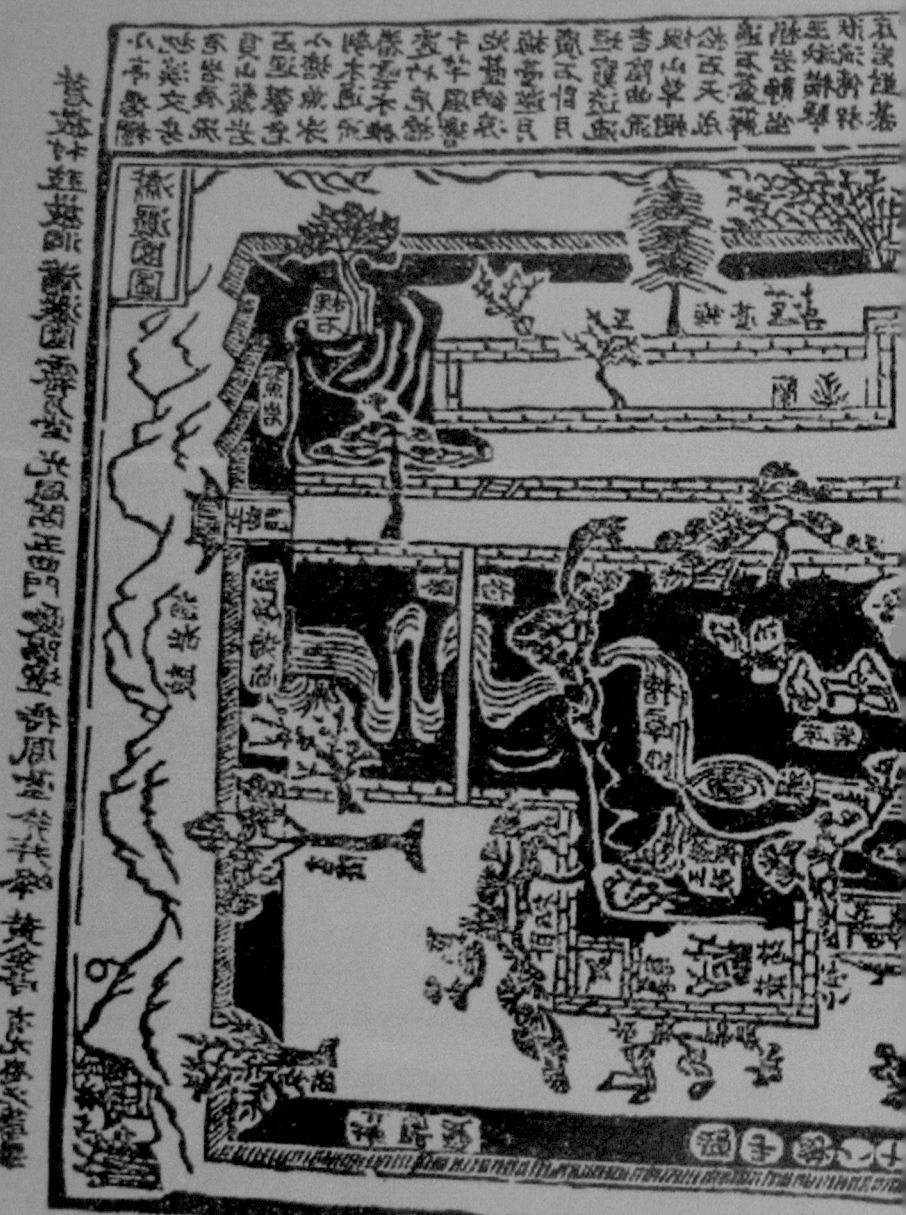

소쇄원 목판(1755년 제작) 판본도

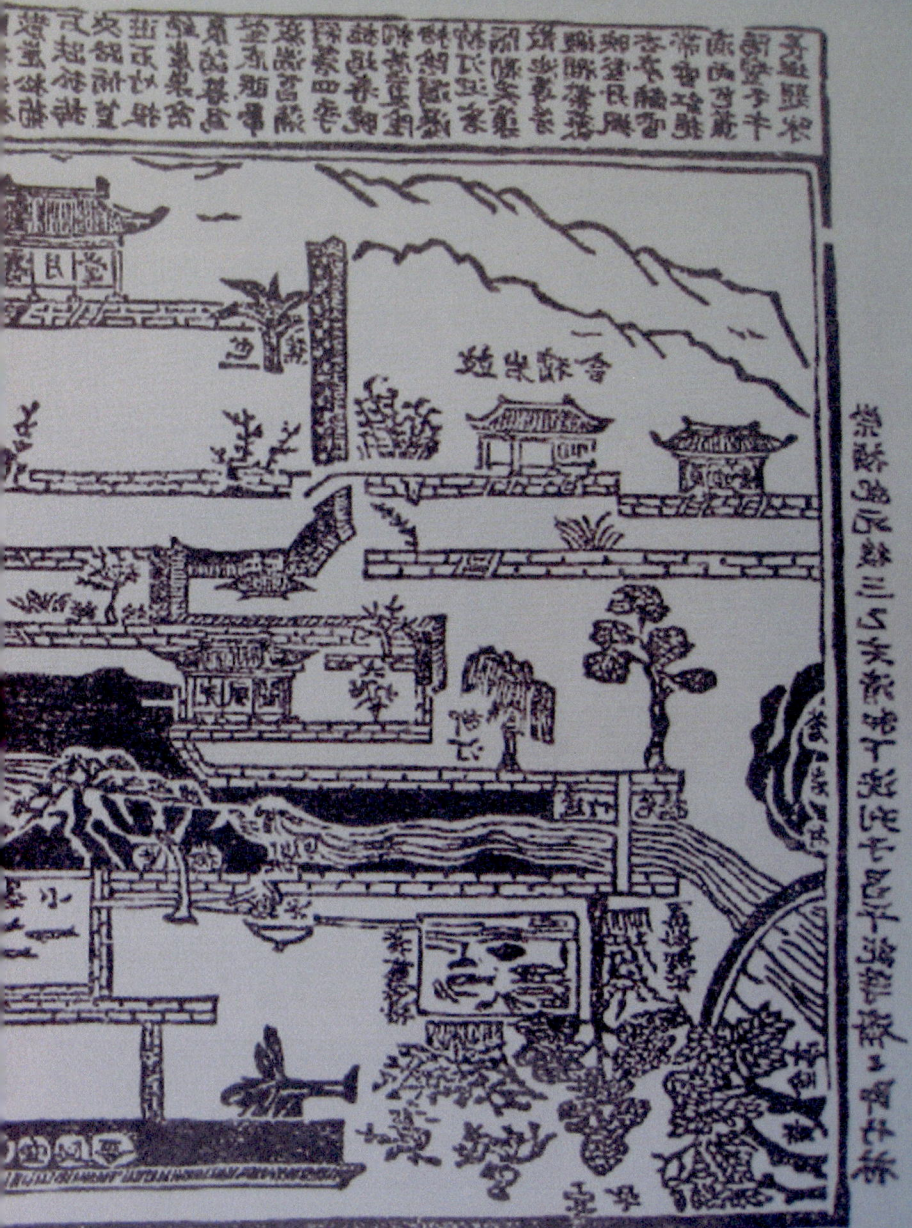

Mit freundlicher Unterstützung durch:
Asiana Airlines, Seoul
Botschaft der Bundesrepublik Deutschland, Seoul
Council for the 100th Anniversary of the Korean Church, Seoul
Galerie Knoetzmann, Frankfurt/Main
Intl. Translation Office Lee-Fischer, Oberursel
KBSworld, Seoul
The New York Times Syndicat, Seoul